BRAUT-COUTURE

von Grace Kelly bis Vivienne Westwood

Aus dem Englischen übersetzt von Natascha Afanassjew
Redaktion und Herstellung: Annika Preyhs, Berlin
Umschlaggestaltung: Caroline Georgiadis, Daphne Design

www.christian-verlag.de

Die Originalausgabe mit dem Titel *I do* ... wurde erstmals 2002 im Verlag Scriptum Editions, einem Imprint von Co & Bear Productions, London, veröffentlicht.

Design und Layout: Co & Bear Productions (UK) Ltd, London
Bilddokumentation: Polly McBride, Lesley Grayson

Druck und Bindung: Officine Grafiche De Agostini, Novara
Printed in Italy

ISBN 3-88472-524-6

BRAUT-COUTURE

von Grace Kelly bis Vivienne Westwood

Caroline Cox

CHRISTIAN VERLAG

»[Sie] war in wertvolle Stoffe gekleidet – Satin, Spitze und Seide –, die allesamt weiß waren. Ihre Schuhe waren weiß. Sie trug einen langen weißen Schleier und in ihrem Haar steckten Hochzeitsblumen, doch auch ihr Haar war weiß.«[1]

Miss Havisham, die welke Braut, aus Charles Dickens' *Große Erwartungen* (1861)

Einführung

Das weiße Hochzeitskleid steht für all unsere Träume von der perfekten Liebe, ist ein maßgeschneidertes Symbol für Romantik und Glück – »bis dass der Tod uns scheidet« – oder, wie im Fall der schauerlichen Miss Havisham aus Charles Dickens' *Große Erwartungen*, eine groteske Erinnerung an das, was hätte sein können. Miss Havisham, die in jenem Augenblick erstarrte, als sie die Nachricht von ihrer Zurückweisung erhielt, wurde zu einer Wachsfigur im zerschlissenen Brautgewand. Umgeben von verfaulendem Essen und mit Spinnweben überzogenen Kerzen dient sie als warnendes Beispiel der alten Jungfer, die »übrig geblieben ist« und die gesellschaftlichen Erwartungen nicht erfüllt hat.

In zahlreichen Kulturen ist das Brautkleid zum Inbegriff eines Spektakels geworden. Ist es doch meist das teuerste Kleidungsstück, das sich eine Frau je kaufen wird, um die Verzückung der geladenen Gäste an gesegneter Stätte sicherzustellen. Mit Brautmoden werden unterschiedlichste stilistische Aussagen gemacht, doch ist bisher nur wenig über deren Bedeutung geschrieben worden. In *The Importance of Wearing Clothes* (1959) unternahm der Historiker Lawrence Langner den Versuch einer Dekonstruktion: »Die Fähigkeit der Kleidung, eine emotionale Wirkung hervorzurufen, zeigt sich nirgendwo besser als bei Hochzeiten in der westlichen Gesellschaft, wo die Symbole aus heidnischer Zeit immer noch in den Kleidern der fröhlichsten Partymode beobachtet werden können. Heiratet die Braut zum ersten Mal, trägt sie ein weißes Hochzeitskleid als Symbol ihrer Unschuld. Ist es jedoch ihre zweite, dritte oder gar vierte Hochzeit, was in den USA nicht selten vorkommt, bekundet das Fehlen des weißen Kleids ihren Freunden wie der ganzen Welt, was bereits alle wissen – ohne dass man peinliche Worte verlieren muss. Trägt sie einen Schleier, sollte man sich die interessante Tatsache in Erinnerung rufen, dass dieser ursprünglich böse Geister von der Braut fern halten sollte, während die Orangenblüten die erhoffte Fruchtbarkeit symbolisieren. Die Brautjungfern sind meist in gleicher Tracht gekleidet, was nicht nur zu einer schönen Zeremonie beiträgt, sondern den Anwesenden erklärt, dass sie ebenfalls zur Heirat bereite Jungfrauen sind. Auch der Bräutigam trägt einen besonderen Anzug, der sich in verschiedenen Ländern unterscheidet, doch da die Jungfräulichkeit hier nicht zur Debatte steht, ist der Anzug selten weiß. In der Regel handelt es sich um den gleichen schwarzen Anzug, den wir mit Beerdigungen in Verbindung bringen. Um zu zeigen, dass diese Kleidung aber auch zu fröhlicheren Ereignissen passt, trägt der Bräutigam einen hellen Binder und eine helle Weste sowie eine helle Blume im Knopfloch.«[2]

Ein vernichtenderes Urteil über Hochzeiten stammt von der Soziologin Chrys Ingraham, die betont, dass »die Hochzeit in Weiß durchaus eine rassistische, klassendiskriminierende und heterosexistische soziale Ordnung aufrecht erhält«.[3] Tatsächlich scheint die extravagante Hochzeit in Weiß immer dann von erstaunlicher Popularität zu sein, wenn die institutionalisierte Heterosexualität etwa durch den Feminismus oder durch selbstbewusste Homosexuelle unter Beschuss gerät. Der radikale Philosoph Guy Debort formulierte es so: »Das Spektakel präsentiert sich gleich-

LINKS Zwei prachtvolle Brautkleider, fotografiert von Andres Aquino. (Links) Ein Gesellschaftskleid nach einem Manteau aus dem 18. Jahrhundert mit breitem Reifrock. (Rechts) Ein versteifter Kapuzenkragen, mit einem Glockenrock aus dem 19. Jahrhundert kombiniert.

zeitig als die Gesellschaft selbst, als einen Teil der Gesellschaft und als ein Kommunikationsmittel. Als Teil der Gesellschaft stellt es jenen Bereich dar, wo jegliche Aufmerksamkeit, jegliches Bewusstsein zusammenfließen.«[4] Das Spektakel der Hochzeit in Weiß hat inzwischen alle Kulturen durchdrungen. Das Wort »Hochzeit«, das sich aus dem althochdeutschen Begriff »hohes Fest« zusammenfügte, übernahm mit der Zeit auch die Bedeutung des noch älteren »Brautlaufs«. Damit war wohl die vor der Welt verbindliche »Heimführung« der Braut gemeint, die jedoch nicht notwendigerweise eine Zeremonie darstellte, sondern einen Übergang. Die Braut musste damals nicht unbedingt Jungfrau sein – dieser Anspruch ist moderneren Ursprungs. Genau darum geht es auch Professor Adrian Thatcher, wenn er schreibt: »Wer behauptet eigentlich, dass die Ehe mit der Hochzeit beginnt? Hierbei handelt es sich um eine moderne und irreführende Annahme. Die Behauptung, dass Ehen mit der Hochzeit beginnen, zeugt vielmehr vom kollektivem Gedächtnisschwund der Christenheit.«[5] Im weiteren Verlauf beschreibt er, wie die Kirche über Jahrhunderte sowohl Verlobungs- als auch Hochzeitszeremonien unterstützte. Da das Verlöbnis allgemein als Beginn der Ehe verstanden wurde, waren viele Bräute zum Zeitpunkt der Hochzeit keine Jungfrauen mehr.

Im 18. Jahrhundert war beinah die Hälfte aller Bräute schwanger, als sie vor den Altar trat. Selbst im angeblich so prüden 19. Jahrhundert der unterdrückten Sexualität war es längst keine so große Schande, eine schwangere Braut zu sein. Auf dem Land gab ihr Zustand Anlass zur Feier, bewies er doch ihre Fruchtbarkeit und sorgte für eine zukünftige Arbeitskraft. Hochzeiten konnten also recht unzüchtige Ereignisse voll sexueller Anspielungen sein. Die Beschreibung eines solchen Fests von 1597 lautet: »Die Braut, in einem Gewand aus Schafswolle und einem Umhang aus Kammgarn ... wurde zwischen zwei lieblichen Jünglingen zur Kirche geführt, um deren seidene Ärmel Rosmarin gebunden war ... die Zeremonie endete in einer Art Tumult; die jungen Männer rissen der Braut Bänder, Strumpfbänder und Spitze als Souvenir vom Gewand, später begleitete die Schar das Brautpaar zu seinem Schlafgemach.«[6] Im Verlauf des 19. Jahrhunderts wurde die schwangere Braut jedoch zu einem gesellschaftlichen wie sexuellen Tabu. Ein weiterer bedeutsamer Wandel, der sich im 19. Jahrhundert vollzog, war die Verschmelzung der zwei Zeremonien – Verlobung und Hochzeit. So verschwand der wichtige Übergang zum Ehestand, den zuvor die Verlobungszeit dargestellt hatte.

Ein relativ neues Konzept ist die Liebesheirat. Vor dem 19. Jahrhundert wurde häufig aus praktischen Erwägungen geheiratet, um zwei mächtige Familien zu verbinden oder den Besitz zu vergrößern. Nur wenige Frauen gaben sich der Illusion hin, dass sie heiraten konnten, wen sie wollten. Es war ihre Pflicht und von der Familie so arrangiert, dass sie, wo nur möglich, ihren Besitz vergrößerten und ihren gesellschaftlichen Status verbesserten. Auch existierte meist ein großer Altersunterschied zwischen der Braut und dem beträchtlich älteren Bräutigam. Als ideale Ehe beschrieb Aristoteles die Verbindung zwischen einer Braut von 18 und einem Bräutigam von 37 Jahren, was die väterlich autoritäre Rolle des Mannes gegenüber der untergeordneten jüngeren Ehefrau widerspiegelte. Dieser große Altersunterschied verwies auch auf die bedrückende Tatsache, dass viele junge Frauen im Kindbett starben und die Männer somit mehrmals heiraten konnten.

Da die meisten Ehen im Grunde wegen des Geldes geschlossen wurden, gewann das Äußere der Braut große Bedeutung. Die Braut stand für den guten Ruf der Familie. Und darum wurde dieser wichtige Tag im Leben einer Frau mit Ritualen, Glücksbringern und Aberglauben überfrachtet, einschließlich Bräuchen wie dem Glockenläuten beim Auszug des Paars aus der Kirche, um alle bösen Geister zu vertreiben. Ursprünglich kleidete

RECHTS Das Ideal der extravaganten Südstaatenschönheit war Inspiration für viele Brautkleider, einschließlich dieser Robe »Louisiana« von Catherine Davighi aus dem Jahr 2000 mit dreiviertellangen Ärmeln und einer herzförmigen Krinoline.

man auch die Brautjungfern auf die gleiche Art wie die Braut, um die Dämonen zu verwirren, die die Braut vielleicht verzaubern wollten. Erst mit der zunehmenden Säkularisierung im späten 19. Jahrhundert begannen die Brautjungfern sich so zu kleiden, dass sie sich von der Frau unterschieden. Selbst am vielleicht wichtigsten Tag in ihrem Leben mussten die englischen Frauen sich Vorschriften beugen und »something old, something new, something borrowed, something blue [etwas Altes, etwas Neues, etwas Geborgtes und etwas Blaues]« tragen.

Die Hochzeitszeremonie symbolisierte vor allem das Ende der Mädchenzeit und den Beginn des neuen Status als Ehefrau mit neuen Pflichten. Die Historikerin Margaret Visser betont diese Bedeutung der Hochzeit, indem sie erklärt: »Hochzeiten sind in allen Kulturen Initiationszeremonien, selbst in unserer eigenen haben die traditionellen Elemente Bestand. Beispiele dafür sind etwa die außergewöhnlichen Kleider, die für Reinheit und Fruchtbarkeit stehen, die Gelöbnisse im Beisein offizieller Gemeinde- oder Kirchenvertreter, die Ringe als Symbole der unwiderrufbaren Verbindung, das Bewerfen der frisch Vermählten mit vielen kleinen Dingen, die bedeutungsvolle ›Hochzeitsreise‹ und vieles mehr. Menschen werden durch eine Initiation verwandelt, sie begeben sich von einer niedrigeren Stufe auf eine höhere. Sie erlernen etwas Neues, gewöhnlich eine neue Rolle, und hat man die Prüfung erst einmal bestanden, gibt es kein Zurück. Schon während des Rituals trägt man andere Kleidung, und vielleicht erlangt man das Recht, danach immer eindrucksvolle Gewänder anzulegen. Sehr oft erhält man auch einen neuen Namen oder einen neuen Titel; in vielen Kulturen wird sogar der Körper der Initiierten symbolhaft gezeichnet, manchmal für das ganze Leben.«[7]

Das Tauschen der Ringe ist ein sehr alter Akt der Verbindung und Symbol für eine Übereinkunft von ewiger Dauer. Einen Ring an den dritten Finger der linken Hand zu ziehen, so glaubte man, hatte eine physiologische Wirkung, da eine Verbindung zu genau der Vene geschaffen wurde, die von der Hand direkt zum Herzen führt. Im 15. Jahrhundert wurde der Diamant zu einem Verlobungssymbol, obwohl solch ein teurer und seltener Stein für die meisten Menschen unerschwinglich war. Doch um 1970 enthielten 80 Prozent aller Verlobungsringe einen oder zwei Diamanten, und der Glaube an den Diamanten als den besten Freund der Frau wird wohl kaum in Frage gestellt. Der Brautschleier hat ebenfalls eine lange Geschichte und geht auf das Flammeum zurück, einen gelben Schleier, der zur Enthüllung der Braut bei römischen Hochzeiten verwendet wurde. Dieser Schleier war ein Sinnbild der Bescheidenheit und Hymenaios, dem Gott der Eheschließung, gewidmet. Das Lüften des Schleiers am Ende der modernen Trauzeremonie steht für das Zerreißen des Hymen in der bevorstehenden Hochzeitsnacht. Der Brautstrauß stammt aus dem 18. Jahrhundert, obwohl

RECHTS John Galliano für Christian Dior: das große Finale der Haute-Couture-Kollektion Frühjahr/Sommer 1999. Dem Flamenco nachempfunden: eine Krinoline mit dreiviertellangem Oberteil für eine Braut mit spanischem Flair.

erst die Viktorianer im 19. Jahrhundert die Sprache der Blumen entwickelten, nach der rote Rosen für eine äußerst leidenschaftliche Liebe stehen und die allgegenwärtige Orangenblüte besagt, »deine Reinheit gleicht deinem Liebreiz«.

Wie »beständig« uns die Hochzeitsbräuche heute auch erscheinen, die meisten sind ein Produkt des 19. Jahrhunderts, als man »traditionelle« Elemente wie die Flitterwochen, Brautjungfern, Trauzeugen und weiße Hochzeitstorten ersann. Nach W. T. Marchant, dem Autor von *Betrothals and Bridals* (1879), waren die Flitterwochen (auf Englisch »honeymoon« – Honigmond) »aus dem teutonischen Brauch entstanden, dreißig Tage oder einen Mond lang nach einem Hochzeitsfest einen Honigtrank zu sich zu nehmen. Attila der Hunne soll seine Hochzeit so glanzvoll gefeiert haben, dass er sich in der Hochzeitsnacht am Met zu Tode trank.«[8] Im 19. Jahrhundert erfand man auch die Hochzeitsreise und in England fanden die ersten Flitterwochen in Kurorten wie Buxton, Bath und Cheltenham statt.

Das vielleicht bedeutendste Erbe jener Epoche ist jedoch das weiße Hochzeitskleid. Bis zu dieser Zeit hatte eine Braut nicht unbedingt Weiß getragen. Im antiken Rom trug sie Gelb und viel wichtiger als das Kleid waren Schleier, Gürtel und Sandalen. Im 16. und 17. Jahrhundert war Blassgrün eine beliebte Wahl, da es mit Fruchtbarkeit in Verbindung gebracht wurde. Aber noch häufiger trug eine Braut ihr bestes Kleid, ganz unabhängig von der Farbe. Anthea Jarvis, die sich mit der Geschichte der Hochzeit beschäftigt, liefert einen kurzen Überblick: »Während des gesamten Mittelalters und bis zum 17. Jahrhundert gab es keine gebräuchliche Farbe für die Braut, sie trug einfach das beste Kleid, das sie sich leisten konnte, und auf ihren Status als Braut verwies ihr offen getragenes Haar, das ein Blütenkranz zierte. Als Folge der puritanischen Beschränkungen, die beinah alle religiösen Zeremonien betrafen, waren die Hochzeiten im späten 17. und im 18. Jahrhundert meist äußerst still und bescheiden, und erst zu Beginn des 19. Jahrhunderts begannen die Bräute weiße Kleider und Schleier zu tragen. So schufen sie eine Tradition, an der viele Bräute immer noch festhalten.«[9]

Im frühen 19. Jahrhundert war es üblich geworden, dass Frauen bei sehr formellen Anlässen Weiß trugen, und das schloss auch das Erscheinen bei Hof und schließlich die Hochzeit ein. Dies war das Ergebnis der in Europa verbreiteten Vorliebe für neoklassizistische Kleidung. Die modebewusste Dame trug durchscheinende Gewänder aus weißem und goldenem Musselin mit hoher Taille *à l'antique* und einen passenden Schleier. Weiß zu tragen entsprach nicht nur der Mode und symbolisierte die gewünschte Jungfräulichkeit, die der perfekten Braut geziemte, es war auch ein wichtiges Zeichen für Reichtum und somit einen hohen gesellschaftlichen Rang. Auf Weiß sieht man den Schmutz. Damit es schön aussieht, muss es stets frisch gereinigt sein. Dies war in jenen Tagen mit großen Kosten verbunden, und eine Familie musste wirklich reich sein, wenn die Tochter in einem prachtvollen weißen Hochzeitskleid erschien, das ja nur einmal getragen wurde. Doch das Konzept der Hochzeit in Weiß fand sich in allen gesellschaftlichen Schichten wieder und vermischte sich mit anderen Hochzeitsbräuchen. Als vielleicht beunruhigendste Ausprägung sei der Brauch des 19. Jahrhunderts genannt, nach dem amerikanische Sklaven auf Geheiß ihrer Sklavenhalter in Weiß heirateten. Für die Historiker Shane und Graham White enthüllten diese Ereignisse »die komplexen Beziehungen zwischen weißer und schwarzer Kultur [... indem] ein erstaunlich hoher Anteil an Sklaven nicht nur von einem Prediger getraut wurde, sondern auch die Art von Kleidung trug, die Weiße mit Hochzeiten verbanden«.[10] Dennoch kam in den Kleidern der Sklaven »der kleine, aber entscheidende Unterschied zum Ausdruck, der für afro-amerikanische Kleidung

RECHTS **Fantastische Erzählungen aus dem Mittelalter von Königin Guinivere, König Artus und dem Schloss Camelot inspirierten schon zu zahllosen Brautkleidern. Das Model Kristy Hume wählte diesen Stil für ihre Hochzeit mit Donovan Leitch 1997.**

typisch war«. Diesen veranschaulicht das Beispiel der Sklavin Harriet Jones: Sie trug »eines der Kleider meiner Missus mit langer Schleppe, ... ein weißes Kleid und ... eine rote Schärpe dazu, hinten eine große Schleife, dann noch rote Strümpfe und ein Paar brandneue Schuhe und einen großen Hut mit breiter Krempe«.[11] Mit den roten Strümpfe und der roten Schärpe unterlief Harriet Jones den »Dresscode« des weißen Hochzeitsgewands und führte die leuchtenden Farben afrikanischer Gewänder ein.

In Europa legte die Hochzeit der englischen Königin Viktoria mit Prinz Albert von Sachsen-Coburg-Gotha am 10. Februar 1840 im Londoner St. James's Palace die weiße Mode unumstößlich fest, obwohl das Gewand im Vergleich zu modernen Hochzeitskleidern nur »relativ« weiß war. Im 19. Jahrhundert waren die meisten Hochzeitskleider im Grunde cremefarben. Die Hochzeitsexpertin Elizabeth Laverack beschreibt sie folgendermaßen: »Von heller Milch bis zum Farbton cremiger Sahne ... Seide lässt sich mit natürlichen Mitteln kaum richtig weiß bleichen ... und erst als die scharfen chemischen Bleichmittel eingesetzt wurden (etwa in den 50er- und 60er-Jahren des 20. Jahrhunderts), kann man von wirklich weißen Hochzeitskleidern sprechen. Leider wird die Seide dadurch aber auch dauerhaft beschädigt.«[12] Viktoria trug also ein cremefarbenes Satinkleid mit langem, spitz zulaufendem Oberteil, dreiviertellangen, doppelten Puffärmeln und einem weiten Rock mit Schleppe, die mit Orangenblütenzweigen eingefasst war. Vorne war der Rock mit einer breiten Borte aus Honiton-Spitze eingefasst, die Viktoria gewählt hatte, um den zurückgehenden Spitzenhandel zu unterstützen. Sie trug eine Krone aus Orangenblüten, an denen ihr Schleier befestigt war.

Königin Viktorias Verwendung von Orangenblüten war eine aussagekräftige Wahl. Die Blume war in China beheimatet, wo sie als Sinnbild für Reinheit, Unschuld und Keuschheit galt. Im Mittelmeerraum war sie zu einem heidnischen Symbol der Fruchtbarkeit geworden, da die Pflanze reichlich Früchte trug. Aus diesem Grund betrachteten einige Moralisten des 19. Jahrhundert die Blüte als ein zu vulgäres Accessoire für eine Braut, waren die Verbindungen zu sexueller Fortpflanzung doch nur zu offensichtlich. Doch Viktoria brachte die Blüte im 19. Jahrhundert tatsächlich in Mode, und konnte sich eine Braut die echte Blüte außerhalb der Saison nicht leisten, trug sie einfach Kopien aus Wachs.

Die meisten Hochzeiten im 19. Jahrhundert waren Familienangelegenheiten ohne besondere Beteiligung der Öffentlichkeit. Anthea Jarvis schreibt dazu: »Obwohl die Hochzeitskleider um die Mitte des 19. Jahrhunderts sehr kostbar und kunstvoll gearbeitet waren, war die Trauzeremonie, mit Ausnahme des Hofs und hoher gesellschaftlicher Kreise, ein stilles Ereignis in der Familie ohne öffentliches Aufsehen, an dem nur enge Verwandte oder einige Freunde teilnahmen.

RECHTS Die festliche Trauung von Königin Viktoria und Prinz Albert von 1840 ist längst zum Archetyp der »traditionellen« Hochzeit geworden. Viktoria ermutigte Generationen von Bräuten, Weiß zu tragen.

In der Church of England konnten nach dem Gesetz nur zwischen acht Uhr morgens und zwölf Uhr mittags Trauungen vollzogen werden, was nicht selten bedeutete, dass alle, die eine aufwendige Morgentoilette wünschten, schon früh damit beginnen mussten. Die anschließende Feierlichkeit, das so genannte Hochzeitsfrühstück, konnte sich tatsächlich als Frühstück, aber auch als Lunch-Party gestalten. Doch oft fuhren Braut und Bräutigam von der Kirchentür direkt in ihr neues Heim oder begaben sich auf die erste Etappe ihrer Hochzeitsreise und es fand gar keine Feier statt.«[13] Sogar nach Viktorias Heirat, die der Hochzeit in Weiß königliche Zustimmung erteilt hatte, gingen die meisten Hochzeitszeremonien schnell und ruhig vonstatten. Wirtschaftlichkeit und praktische Anwendbarkeit hießen die Prinzipien der bescheidenen Braut, die ein elegantes Tageskleid trug, das sie immer wieder anziehen konnte statt nur ein einziges Mal, um es dann im Kleiderschrank einzumotten.

Im Jahr 1886 wurde in England per Gesetz die Anzahl der Stunden, an denen Trauungen stattfinden durften, heraufgesetzt. Mit der Hochzeit am frühen Nachmittag ging eine prächtigere Gestaltung einher, denn die Feiern konnten nun mühelos bis in den Abend hinein dauern. Die Extravaganz mancher Bräute führte jedoch zu Missbilligung. Eine Ausgabe des Magazins *Tatler* von 1877 warnte: »Man erörtere mit einer Frau die Frage der Hochzeit und nur zu bald ist man beim Kern der Sache angelangt. Schnell erkennt man, dass sie kein einziges Kleidungsstück von der Nachtkappe bis zum Schuhband besitzt, das zuvor nicht erneuert und dann auch noch vervielfacht werden muss, und die Aussteuer mit all ihren Schrecken baut sich vor uns als das erste weibliche Hindernis des Ehestands auf. Sicher, man wird die Aussteuer (vermutlich) nicht selbst bezahlen müssen, doch wirft sie den ersten Schatten einer schrecklichen Last, die man für den Rest des Lebens tragen muss, und ihre ungeheuerlichen Ausmaße lassen einen unermesslichen Horror doch erahnen, vor dem man entsetzt zurückweicht. Warum ein junges Mädchen nicht ›stehenden Fußes‹ geheiratet werden kann, wird für uns ewig ein Mysterium bleiben, doch es ist nun einmal eine Tatsache, dass sie ohne vollständig erneuerte Ausstattung nicht zum Traualtar gehen wird, und so wie sie an ihrem Hochzeitstag erscheint, sollen wir es ihr fortan und für immer ermöglichen.«[14]

Der Autor des hier zitierten Texts beschwert sich über die Brautausstattung oder Aussteuer, eine erfundene Tradition des 19. Jahrhunderts, die man von dem in vielen alten Kulturen akzeptierten Brauch abgeleitet hatte, eine Braut mit einer gewissen Anzahl von Haushaltsgegenständen für ihr neues Heim zu versorgen, wie etwa Leinen, Kleidungsstücken und Küchengeräten. Die klassische Aussteuer des 19. Jahrhunderts bestand aus einem Sortiment an neuen Kleidern, Leinen und (dies war am wichtigsten) einer angemessenen Menge an Unterwäsche. Doch wie das erste Kapitel dieses Buchs zeigen wird, hatte sich die Aussteuer um die Jahrhundertwende zu einer unübersehbaren Demonstration von Reichtum entwickelt. Bräute aus der Königsfamilie oder der Aristokratie gingen sogar so weit, die Stücke ihrer Aussteuer in der Presse beschreiben und aufzeichnen zu lassen. Als eine von Königin Viktorias Töchtern, Princess May, 1893 Prince George, den Duke of York, heiratete, gehörten zu ihrer sagenhaften Aussteuer vierzig Straßenkostüme, fünfzehn Ballkleider, fünf Teekleider und zahllose Accessoires.

Während der Stil der Brautkleider immer vielfältiger wurde, wurde die Kleidung für den Bräutigam immer strenger. Ein Handbuch aus dem Jahr 1887 mit dem Titel *Courtship and Matrimony* [Freien und Ehestand] riet dem Bräutigam, »schwarzen Frack und Hosen zu tragen, dazu eine weiße Weste aus Seide oder einem anderen guten Material – jedoch kein Satin – sowie einen weißen Binder und weiße Handschuhe«. Vergleichen wir dies nun mit den Hochzeitskleidern Philips von Spanien von 1554, der reichlich Zeit bei seinen Schneidern verbracht hatte: »Da gab es Anzüge

LINKS Diese Braut erlaubt einen kurzen Blick auf den erotischen Luxus ihrer Unterwäsche und den üppig geschmückten Hut von Basia Zarzycka.

aus karmesinrotem Samt, grauem Satin und weißer Seide, dekoriert mit einer Fülle von Juwelen ... eine Jacke mit Goldketten und Silberlitze wurde besonders hervorgehoben, während einige seiner Kleidungsstücke so dicht mit wertvollen Steinen besetzt waren, dass es unmöglich war, den Stoff darunter zu sehen.«[15] Zur Hochzeit trug er ein weißes Wams und weiße Kniehosen, dazu einen passenden goldenen Mantel, der mit rotem Samt eingefasst und mit goldenen Disteln und Perlen dekoriert war.

Nachdem sich Hochzeiten durch das »Eingreifen« der Regierung zu immer extravaganteren Angelegenheiten entwickelten, wurde dadurch jeglicher Aktivismus gegen die Ehe als Institution erstickt. Die Soziologin Chrys Ingraham beschreibt, wie dies geschah: »Wie diese Aktivisten im 19. Jahrhundert feststellen mussten, hatte eine allzu kritische Betrachtung heterosexueller Regeln und Normen gerichtliche Folgen oder führte zu gesellschaftlichen Sanktionen. So wurden Befürworter einer Ehereform aufgrund des Comstock Act von 1872 zum Beispiel nicht selten zensiert und ins Gefängnis gesteckt. Als Anhänger des Freidenkertums hatten es sich jene Aktivisten zum Ziel gesetzt, kirchliche wie staatliche Kontrolle über die Ehe zu eliminieren, und zwar mit der Begründung, dass die Ehe unter diesen Reglementierungen eine Form der ›sexuellen Sklaverei darstellte‹. Versuchten diese Ehereformer ihre Ideen zu verbreiten, wurden sie regelmäßig verhaftet und wegen der Versendung ›obszönen‹ Materials mit dem Postdienst der USA angeklagt und verurteilt. Das Versenden von Schriften zu ›Sexualkunde, Geburtenkontrolle oder Abtreibung‹ galt nach dem U.S. Postal Code 1461 – dem Comstock Act – als Verbreitung von Obszönitäten und damit landesweit als Vergehen.«[16] Wie im ersten Kapitel gezeigt wird, zerstörte der zunehmende Puritanismus des späten 19. und frühen 20. Jahrhunderts jedoch viele traditionelle Elemente der Hochzeit, während sich die ritualisierte Version der Viktorianer mehr und mehr durchsetzte.

Im zweiten Kapitel wird beschrieben, wie sich Brautwerbung und Ehe in den 20er- und 30er-Jahren des letzten Jahrhunderts zu verändern begannen – und mit ihnen Form und Stil der Hochzeitskleider. Zu geradezu dramatischen Veränderungen führte der »Flapper-Look«, der die Hochzeitskleider von überflüssigen Verzierungen befreite, um eine schlanke Silhouette im so genannten Diagonalschnitt zu erreichen, die Pariser Modeschöpfer, insbesondere Madeleine Vionnet kreiert hatten. Im dritten Kapitel sehen wir dann, wie nach den Beschränkungen des Zweiten Weltkriegs, als die Bräute nach der Losung »geflickt und gewendet« noch aus den unscheinbarsten Materialien ein weißes Brautkleid machten, die 50er-Jahre im Zuge des New Look von der traditionellen Form der Krinoline beherrscht wurden. Hochzeiten wurden wieder zu einem kostspieligen Ereignis im großen Stil, denen, wie wir im vierten Kapitel sehen werden, erst in den späten 60ern die vereinten Kräfte der Hippiebewegung und des radikalen Feminismus gegenüberstanden. Frauen verhandelten erneut ihre Stellung im Patriarchat und erst in den 80er-Jahren fühlten sie sich sicher genug, um das »Ritual« der Hochzeit wieder zulassen zu können.

Das fünfte Kapitel untersucht die kostspieligste Feier, die wir im 21. Jahrhundert in Angriff nehmen werden – falls wir dazu überhaupt noch bereit sind. Die Brautmodenindustrie ist gewaltig. Hochzeiten werden in Illustrierten vermarktet, auf Ausstellungen und auf Web-Sites. Niemals war das Interesse am Heiraten so groß, jedoch nicht weil die Öffentlichkeit immer stärker von traditionellen moralischen Werten bestimmt wird, sondern vielmehr von den Mega-Ereignissen auf den Hochglanzseiten der Illustrierten. Betrachtet man die Entwicklung der Hochzeit über den Zeitraum der vergangenen einhundert Jahre, werden die Veränderungen nur zu deutlich. Viele Brautkleider haben heute überhaupt nichts mehr gemein mit der

RECHTS Zwei kontrastierende Stile: Links ein Kleid des französischen Couturiers Christian Lacroix mit der typischen Kombination verschiedener Farben und Texturen. Peter Langner dagegen bevorzugt einen minimalistischen Stil, hier mit japanisierendem Detail am Rücken.

zeitgenössischen Mode, sondern imitieren »historische« Stile – ganz im Gegensatz zum Kleid der viktorianischen Braut, die den Modeströmungen ihrer Zeit entsprechen wollte. Viktorianische Bräute beabsichtigten außerdem, ihre teuren Hochzeitskleider nach der Trauung auch zu anderen Gelegenheiten zu tragen, während die Kleider heute meist nur für den Hochzeitstag bestimmt sind.

Heutige Brautkleider sind auf konventionelle Weise standardisiert und verbinden viele Elemente des Brautkleids aus dem 19. Jahrhundert: ein eng geschnittenes Oberteil, eine schmale Taille mit weitem Rock aus Organdy, Seide oder Gaze (oder dem weniger teuren Polyester), dazu ein passender Schleier aus ähnlichem Material. Obwohl die meisten modernen Hochzeitskleider diese Elemente in sich vereinen, glaubt man immer noch daran, dass die Wahl des Kleids auch den Geschmack der Braut widerspiegelt. Doch tatsächlich drückt es den persönlichen Stil einer Frau am allerwenigsten aus und hat meist gar keinen Bezug zu irgendeinem Stück in ihrem Kleiderschrank. Laut dem Kulturhistoriker Simon R. Charsley »hat die Wahl des Brautkleids darum nichts mit dem normalen Vorgang bei der Auswahl eines Kleidungsstücks zu tun, der von einer Mischung aus Geschmack, Selbstdarstellung, praktischen Erwägungen und finanziellen Beschränkungen geprägt wird. So wie bei allen anderen Ausgaben für eine Hochzeit werden auch hier meist die Grenzen des normalen Handelns überschritten. Der Kauf eines Hochzeitskleids ist etwas ganz anderes.«[17]

Bei dem Kleid geht es darum, welches Bild eine Frau von sich selbst als Braut hat, nicht darum, wie sie sich ansonsten sieht. Selbst die Feministin Naomi Wolf, berühmt für ihre beleidigenden Kommentare über den Druck, dem Frauen in der Mode und der Schönheitskultur ausgesetzt sind, ließ sich in den 90ern von der Vorstellung, selbst eine Braut zu sein, verführen. Sie schreibt: »Zu meiner Verwunderung ertappte ich mich selbst dabei, wie ich mit dem Näherrücken des Termins über Hochzeitsmagazinen brütete. Obwohl ich die Institution der Ehe als Feministin ›dekonstruiert‹ hatte und ganz genau wusste, dass ein weißes Hochzeitskleid auf Traditionen beruht, die die Jungfräulichkeit einer Frau als eine Art Eigenwert schätzen und die die Frau selbst als Besitz von einem Mann zum anderen weitergeben, zog es mich doch wieder und wieder zu den Visionen in Weiß zurück. Ich begann von einem Schleier zu träumen, von einem Strumpfband, einer Rose, einem Ring. Doch das Herzstück dessen, worüber ich halb reuevoll ... zu grübeln begann ..., war natürlich das Kleid.«[18]

Dieses förmliche weiße Brautkleid, das im Volksmund wegen seiner weißen Rüschen und der lieblich-süßen Wirkung gern mit einem Baiser verglichen wird, dokumentiert eines der wichtigsten gesellschaftlichen Ereignisse. Überall auf der Welt werden Hochzeitszeremonien inzwischen von den gleichen Elementen bestimmt: Braut und Bräutigam werden durch eine besondere Form der Kleidung hervorgehoben, man gibt ein Fest für Familie und Freunde und das Paar erhält Geschenke. Man wirft Früchte, Reis, Nüsse, Blumen oder Konfetti als Symbol für zukünftigen Kindersegen. Chrys Ingraham hat den Zauber unserer heutigen Hochzeit in Weiß prägnant zusammengefasst: »In einer sich selbst entfremdeten Konsumgesellschaft, die von Hightech, Internet und den Medien bestimmt wird, in der käufliche Güter menschliche Interaktion ersetzen und der Kaufrausch uns das wahre Leben nicht mehr spüren lässt, wird die Romantik, die in der Hochzeit in Weiß ihren höchsten Ausdruck findet, geradezu unverzichtbar für unser Überleben. Unter diesen Voraussetzungen ist die Hochzeit in Weiß, als Komplettpaket verkauft ... entwicklungsgeschichtlich notwendig. Sie ist der Schauplatz gespielter sozialer Bindungen, von denen wir hoffen, dass sie für unser utopisches Verlangen nach Liebe, Gemeinschaft, Zugehörigkeit und sinnvoller Tätigkeit sorgen werden.«[19]

LINKS Zwei Brautkleider von Ninya Mikhaila. (Links) Die pittoresken Elemente des Rokoko werden in diesem Kleid mit reich verziertem Mieder zu neuem Leben erweckt. (Rechts) Eine Kontusche, auch Schlender genannt, mit Rückenfalten, die ganz dem Geschmack des 18. Jahrhunderts entsprach.

»Braut, w. Eine Frau, deren gute Aussichten auf Glück hinter ihr liegen.«[1]

[1] Ambrose Bierce (1911)

Extravagante Brautmode um 1900

Die Zeit um 1900 ist in Europa und vor allem in Großbritannien mit nostalgischen Vorstellungen an eine goldene Ära verbunden, mit Teepartys und breitkrempigen, geschmückten Hüten, als die bessere Gesellschaft auf einem perfekt geschnittenen Rasen Krocket spielte und die Abende am Pianola verbrachte – eine Welt, in der die einzelnen Schichten der Gesellschaft ihren Platz genau kannten und die Geschlechterrollen klar getrennt waren. Die prächtige Kleidung der eleganten Damen bekundete ihren Reichtum und sozialen Rang, denn die Mode der Frau war ein einziges »Rascheln« von Rüschen und Spitzen, ein Produkt begabter Schneider und dementsprechend kostspielig. Zu Beginn des 20. Jahrhunderts liebte man einen extravaganten femininen Look, Spitzenblusen mit Puffärmeln und schwere, bodenlange Röcke oder Kleider, die mit Zierrat unterschiedlichster Art versehen waren, von Spitzenkrausen (Jabots) bis zu Fellbesatz und Federschmuck. Die Damen trugen beeindruckende Hochfrisuren, die durch falsche Haarteile noch üppiger wirkten, und dann noch mit extravagant geschmückten Gainsborough-Hüten gekrönt wurden. Das Ganze war Ausdruck eines aufwendigen, prestigesüchtigen Lebensstils und ließ durch seine vielgestaltige Dekoration erkennen, dass es sich um eine echte Dame handelte, die mit körperlicher Arbeit nichts im Sinn hatte. Verglichen mit heutigen Vorstellungen war die ideale Figur wohl reichlich junonisch. Ein Modeschöpfer weigerte sich sogar, mit Modellen zu arbeiten, die weniger als 154 Pfund wogen. Steife Unterkleider, insbesondere das Korsett, schufen die kurvenreiche Figur mit der hervorstehenden einförmigen Oberweite, die in dem stark betonten Gesäß und den Hüften das nötige Gegengewicht für die gewünschte S-Form erhielt.

Die schweren Kleider mit weitem Rock aus steifem Satin, die im 19. Jahrhundert so populär gewesen waren, wurden durch creme- und elfenbeinfarbene Modelle mit schmalem Rock ersetzt. Sie waren weicher und leichter und meist aus Materialien wie Chiffon, Crêpe de Chine, weichem Taft und Samt gearbeitet. Diese Kleider wurden über S-förmigen Korsetts getragen, besaßen Röcke mit keilförmigen Einsätzen, die wie fließend über die Hüften fielen, und hohe, am Rücken geknöpfte Kragen. Das amerikanische Magazin *Ladies' Home Journal* billigte den Stil als die schickliche Kleidung für eine Braut und gab den folgenden Rat: »Es sollte stets bedacht werden, dass ungeachtet dessen, wie schön Hals und Arme der Braut auch sein mögen, diese gegen alle guten Sitten verstößt, wenn sie kein hochgeschlossenes Oberteil mit langen Ärmeln trägt. Geht sie doch weder zu einem Tanz noch zu einem Empfang, sondern zu einer religiösen Zeremonie.«[2]

Die Kopfbedeckungen für die Hochzeit waren unterschiedlicher Art. Hüftlange Schleier waren mit einem Blütenkranz am Kopf befestigt, obwohl zu jener Zeit vor allem Hüte populär waren, die von Frauen aller Schichten nicht nur zu Hochzeiten getragen wurden. Eine »wahre« Braut der Gesellschaft verwies auf ihren Status jedoch am besten in einem Kleid mit bodenlanger Schleppe, die den Modellen bei Hofempfängen nachemp-

LINKS Diese Illustration von Helen Dryden für eine britische *Vogue* von 1919 verzichtet auf die kunstvolle Unterkleidung der Brautkleider des frühen 20. Jahrhunderts. Einfache Gürtel betonen die Taille, der weich fließende Stoff erinnert an die Mode der britischen Designerin Lucille.

funden war. Im späten 19. Jahrhundert war es Brauch geworden, dass eine junge aristokratische Braut mit ihrem Bräutigam nach der Hochzeit bei Hof präsentiert wurde – ein Ereignis, bei dem die adeligen Familien vor königlichen Augen ihren Geschmack, Reichtum und ihre prächtigen Kleider zur Schau stellten. Bei dieser Gelegenheit konnte auch das Hochzeitskleid wiederverwendet werden, man musste nur die Ärmel entfernen und den Ausschnitt tiefer setzen. Die auf Hochzeiten spezialisierte Historikerin Anthea Jarvis behauptet, dass Brautkleider im Hinblick auf dieses Ereignis entworfen wurden und dass sie »meist sogar einen abnehmbaren Kragen oder eine ›Chemisette‹ aus Spitze, Chiffon oder einem anderen halbdurchscheinenden Stoff besaßen, was die Veränderung sehr vereinfachte«.[3]

Da die Etikette bei Hof eine bodenlange Schleppe verlangte, bedeutete solch eine prachtvolle Schleppe bei der Trauzeremonie, dass ein Treffen mit der Königsfamilie nahe bevorstand. Eine lange Schleppe erforderte außerdem mehrere Begleiterinnen, die Sorge trugen, dass sie nicht verrutschte, und ein weiterer Beweis dafür waren, dass es um die Finanzen der Familie der Braut gut bestellt war. Prunkvolle Hochzeiten liebte man nicht nur in Europa, sondern auch in Amerika, »wo Hochzeiten ebenso wie Pferderennen und sonntägliche Kirchenbesuche willkommene Gelegenheiten für die Gattinnen der Plantagenbesitzer und der Frauen von den Ranchs waren, ihre neuesten Kleider zu zeigen«.[4]

Die ersten Presseberichte über Hochzeiten königlicher oder aristokratischer Paare erschienen in den späten 70er-Jahren des 19. Jahrhunderts. Und je mehr öffentliche Aufmerksamkeit einer Hochzeitsfeier zuteil wurde, desto prächtiger wurde sie. Berichte von

LINKS Im späten 19. Jahrhundert wurde es populär, Hochzeiten mit ähnlich gekleideten Brautjungfern zu feiern, die sich nur leicht von der Braut unterschieden. Bei der abgebildeten Hochzeit von Prinzessin Beatrice (1885) trugen sie kürzere Kleider und einen mäßigeren Ausschnitt.

Hochzeiten prominenter Mitglieder der englischen und amerikanischen Gesellschaft waren ein hochpopulärer Lesestoff für die zahllosen neuen Leserinnen von Publikationen wie *The Queen* und *The Lady's Realm*. Die Historikerin Pauline Stevenson bemerkt dazu, dass zu Beginn des 20. Jahrhunderts zum ersten Mal »bis ins kleinste Detail von Hochzeiten berichtet wurde, und zwar nicht nur mit Zeichnungen von der Braut in ihrem Kleid mit Strauß und Schleier sowie in ihrer Reisekleidung oder von all ihren Brautjungfern und ihren Blumenkindern (falls vorhanden), sondern auch vom Kleid ihrer Mutter und nicht selten von der Toilette eleganter Mitglieder der Gesellschaft, die bei der Trauung waren. Dabei wurden jede Menge französische Begriffe fallen gelassen, es gab zahlreiche Fotos vom Paar vor der Hochzeit, Beschreibungen der Blumen und der Musik in der Kirche sowie der Geschenke, des Empfangs und dem Wie und Wo der geplanten Hochzeitsreise.«[5]

Immer mehr Frauen wünschten sich für ihre Hochzeiten die nötige »modische Eleganz«. Also begannen sie, ihre eigenen Hochzeitsfeiern den dominanten Präsentationen von Weiblichkeit nachzubilden, die in der populären Presse in zunehmendem Maße verbreitet wurden. Sie folgten den Ratschlägen, die sie in illustrierten Magazinen erhielten, etwa dem amerikanischen *Myra's Journal* oder *Godey's Lady's Book*, »dem unverzichtbaren Ratgeber für die Kultur der Frau aus der Mittelschicht«.[6] In der populären Presse begann man außerdem ein einzigartiges Phänomen aufzuzeichnen. Amerikanische Erbinnen, die ihren Reichtum der neuen Eisenbahn, dem Öl oder der Stahlindustrie verdankten, begannen in Europa einzufallen – in der Hoffnung, von einer verarmten Adelsdynastie einen Titel ergattern zu

RECHTS **Um 1900 interessierte sich die Öffentlichkeit so sehr für große Hochzeitsfeiern, dass diese prächtige königliche Robe aus weißem Satin und Carrickmacross-Spitze der Princess Margaret of Connaught im Jahr 1905 die Titelseite der *Illustrated London News* zierte.**

können. Von der amerikanischen Schriftstellerin Edith Wharton erhielten sie den Spitznamen »buccaneers« [Freibeuterinnen]. Ein anderer Autor formulierte es so: »Jeglicher Titel galt als herrlich exotisch. Doch die eifrigsten Titelfängerinnen waren jene begehrten jungen amerikanischen Frauen, die im Zuge angeblicher Bildungsreisen in Scharen nach Europa kamen, im Geheimen jedoch sicherlich von Briefpapier träumten, das mit Kronen verziert war, und davon, mit ›Eure Hoheit‹, ›My Lady‹, ›Herzogin‹ oder ›Gräfin‹ angesprochen zu werden.«[7] Zu den erfolgreichen Verbindungen dieser Art zählten jene von Jennie Jerome und Lord Randolph Churchill, May Goelet, Tochter eines New Yorker Immobilientycoons, und dem neunten Duke of Roxburghe sowie von Maud Burke aus San Francisco, die den Schiffsmagnaten Sir John Bache Cunard heiratete. Die Hochzeit von »Mrs Turnure«, einer amerikanischen Witwe, mit Lord Monson in der britischen Botschaft in Paris wurde in der amerikanischen Presse folgendermaßen beschrieben: »Rosa Blüten und Palmen schmückten den Altar und den Eingang zur Kirche«, und die Braut war »sehr hübsch in weiße Crêpe de Chine [gehüllt]. Der Rock war mit bogenförmiger schöner weißer Spitze und irischen Stickereien geschmückt und mit Rosen aus Musselin besetzt. Ein weißer Tüllhut mit großen weißen Federn rundete das wirkungsvolle Bild ab.«[8]

Jede Braut, die etwas auf sich hielt und reich genug war, wünschte sich ein von Charles Frederick Worth kreiertes Kleid aus dem Hause Worth in Paris, einem Atelier, das vor allem bei den Erbinnen der plutokratischen Dynastien der New Yorker Gesellschaft sehr beliebt war. Das englische Brautmagazin *Orange Blossoms* formulierte es so: »Gab es jemals ein amerikanisches Mädchen, das es sich leisten konnte und das im Kleid irgendeines anderen Mannes heiraten würde?«[9]

Charles Frederick Worth war für den Stil einer der großen Hochzeiten der Gesellschaft im 19. Jahrhundert verantwortlich gewesen. Die als »Verbindung des Jahrhunderts« bezeichnete Heirat der sagenhaft reichen Amerikanerin Consuelo Vanderbilt mit dem englischen Aristokraten Duke of Marlborough in der St. Thomas Church in New York im Jahr 1895 war in der Tat eine perfekte Verbindung neuer amerikanischer Dollar mit einem alten aristokratischen Titel. Die Presse hatte geradezu hysterisch davon berichtet, und es hieß, dass die Vanderbilts einen Presseagenten angestellt hatten, der für einen Großteil der Furore verantwortlich war. Die Historikerinnen Gail MacColl und Carol Wallace haben darauf hingewiesen, dass »einige der Kolumnen die Handschrift des Publizisten trugen. Die *New York Times,* die über die Hochzeitsvorbereitungen schrieb, bemerkte, dass ›die Kirchenstühle mit blumengeschmückten Laternen dekoriert waren, die an jene an den alten Residenzen in London erinnerten‹ – ein Bild, das sich dem durchschnittlichen New Yorker Journalisten wohl kaum aufdrängen würde.« Doch leider gelang es dem Presseagenten nicht, Detailbeschreibungen (und noch dazu falsche) über Miss Vanderbilts Aussteuer zu verhindern, die in *The Times* erschienen, und Consuelo beklagte sich: »Zu meiner Verblüffung las ich, dass meine Strumpfbänder mit Diamanten besetzte goldene Schnallen besaßen, und fragte mich, wie ich solch eine Entwürdigung ertragen sollte.«[10]

Am Hochzeitstag benötigte man 300 Polizisten, um Tausende von Schaulustigen zurückzuhalten, die sich auf den Straßen drängten, um vielleicht einen Blick auf die Braut werfen zu können. Diese trug ein Modell von Worth aus Satin und Spitze, natürlich mit der unvermeidlichen 4,5 Meter langen Schleppe. In einer mit Rosen und Maiglöckchen geschmückten Kirche und zu den Klängen eines 500-köpfigen Orchesters und eines 60-stimmigen Chors wurde die Zeremonie der Verbindung zweier so mächtiger Familien gerecht. Doch als die Braut auf den Altar zuschritt, waren zwei

LINKS Zurschaustellung – darum ging es bei der aristokratischen Hochzeit um 1900. Die reich verzierte Robe der Braut weist sie als privilegierte Vertreterin eines aufwendigen Lebensstils aus, die den Reichtum und sozialen Status ihrer Familie repräsentiert.

RECHTS Diese französische Modezeichnung von 1894 zeigt eine Braut, umgeben von ihren Begleiterinnen, in einem Kleid von Fourcillon. Ihre überschmale Taille, eine offensichtlich idealisierte Darstellung, verdankt sie den Miederwaren von Madame Emma Guëlle.

1er Oc obre 1894.

et Petit Courrier des Dames réunis 14, rue Drouot

ré, 165 (place du Théâtre-Français). — Corsets de Madame Emma GUELLE, 3, place du Théâtre-Français.

de la Faix. — TEINTURERIE EUROPÉENNE, boulevard Poissonnière, 26.

Dinge nicht zu übersehen: Ihr Gesicht war tränenüberströmt und der Bräutigam ein beträchtliches Stück kleiner – gute 15 Zentimeter. MacColl und Wallace sehen in der Größe des Herzogs eine »Metapher für die ganze unschöne Vorstellung: Das verweichlichte Mitglied einer leichtlebigen Familie heiratete kaltblütig ein frisches, unschuldiges Mädchen wegen ihrer Dollar statt ihres Liebreizes.« Das Paar trennte sich 1906 und wurde 1920 schließlich geschieden.

Der Erfolg des Hauses Worth führte dazu, dass eine Braut, auch wenn sie sich die Dienste des Meisters nicht leisten konnte, dennoch ein angemessenes »französisches« Brautkleid benötigte, und die Frauenmagazine in den 1890er-Jahren und dem beginnenden 20. Jahrhundert gaben gute Ratschläge, wie dies am besten zu erreichen war. Die Journalistin Isabel A. Mallon, die im *American Ladies' Home Journal* schrieb, behauptete mit Nachdruck: »Von allen Menschen auf der Welt sind es die Franzosen, die Gefühl und Kleidung am besten vereinen«, und empfahl der Braut, um eine typisch gallische Wirkung zu erreichen, ein Kleid aus »weißem Satin, schwer und glänzend«, mit »einem weißen Tüllschleier und Orangenblüten«.[11] Es gab aber auch erfolgreiche amerikanische Designer von Brautmoden. Eine der gefeiertsten war eine Mrs Connelly, deren Name im späten 19. Jahrhundert regelmäßig die Seiten von *Harper's Bazaar* schmückte.

Eine Alternative zu dem eher strengen Stil französischer Brautkleider begann sich jedoch ebenfalls durchzusetzen. Kreiert hatten sie die englischen Schneiderinnen Lucille Lady Duff Gordon und ihre Zeitgenossin Ada Wolf, deren Salons im East End von London lagen. Lucille hatte sich ursprünglich mit luxuriöser Damenwäsche einen Namen gemacht, die sie als »ebenso fein wie Spinnweben und ebenso schön gefärbt wie Blumen«[12] beschrieb, und genau diese erotische Ästhetik übertrug sie auf ihre Brautmode, wobei sie meist Unterwäsche für die Aussteuer schuf. Ihr erstes Brautkleid entwarf sie für ihre Schwester, die gefeierte Romanautorin Elinor Glyn, die Clayton Glyn, ein Mitglied des Essexer Landadels, in der eleganten St.-George's-Kirche am Hanover Square in London heiratete. (Ihre Flitterwochen begannen ausgesprochen romantisch: Clayton mietete die öffentlichen Schwimmbäder in Brighton, sodass seine frisch angetraute Gattin ganz alleine schwimmen gehen konnte und dabei nichts trug außer ihrem langen roten Haar.)

Zu Beginn des 20. Jahrhunderts war Lucille bereits die bekannte Vertreterin eines Stils geworden, den man allgemein als »neoklassizistisch« bezeichnete. Die Kleider, die in ihrem Salon am Hanover Square gezeigt wurden, waren sehr sinnlich drapiert und äußerst dekorativ. Dazu wurden weiße Satinkorsetts getragen und die Kleider enthielten gestickte Felder mit Darstellungen aus Geschichte oder Natur. Lady Violet Hardy beschreibt den Zauber, den sie beim Tragen eines Brautjungfernkleids, das Lucile Anfang des 20. Jahrhunderts entworfen hatte, empfand: »Aus der feinsten Gaze gearbeitet, mit einer Fülle dichter Spitzenrüschen, wie ein Festkleid für ein Baby, und als Krönung der zarteste aller Strohhüte, mit einer wunderschönen rosa Rose geschmückt und schwarzen Samtbändern zum Binden.«[13] Diese spezielle Ausprägung der Brautmode war zum Teil durch die fließenden, kunstvollen Gewänder inspiriert, die für das Londoner Kaufhaus Liberty's um die Jahrhundertwende in antikem, mittelalterlichem oder keltischem Stil mit Spitze, Applikationen und Jugendstilstickereien produziert worden waren. Arthur Lasenby Liberty hatte sein Geschäft 1875 als Ausstellungsraum für importierte orientalische Waren gegründet und zu seinen Kunden gehörte auch die künstlerische Elite der Zeit. Gegen Ende des 19. Jahrhunderts begann er, selbst zu produzieren – vor allem seine berühmten Textilwaren, aber auch kunstvolle Möbel, Schmuck und Mode,

RECHTS Bessie Wallis (die spätere berüchtigte Wallis Simpson) bei ihrer ersten Hochzeit 1916. Sie sollte noch zweimal heiraten – König Edward VIII, ihr letzter Gatte, musste ihretwegen auf den britischen Thron verzichten.

zu denen ihn nicht nur seine Reisen in den Orient anregten, sondern auch die kunstgewerbliche Bewegung in Großbritannien. Brautkleider von Liberty wurden Anfang des 20. Jahrhunderts sehr beliebt. Ihre Stickereien waren vom Werk der schottischen Künstlerin Anne Macbeth beeinflusst. Sie entwarf locker drapierte »ästhetische« Mode aus Leinen und Baumwolle, die dann mit ihren charakteristischen keltischen Motiven bestickt wurde. Ihre Kollegin Jessie Newbery entwarf ihr eigenes Brautkleid, das in der Glasgower Presse als »robe de style« oder auch »picture gown« [geschmückte Robe] beschrieben wurde. Charakteristisch für ein Kleid von Newbery war der Verzicht auf den Rockbund. Stattdessen fiel der Rock direkt vom Oberteil herab, das keinerlei Abnäher besaß, wodurch das ganze Kleid locker und bequem saß und einen großen Kontrast zum geschnürten Stil der gängigen Mode bildete.

Typische Merkmale eines gängigeren »künstlerischen« Brautkleids waren mittelalterlichen Kleidern nachempfundene lange Ärmel, die beinah die ganze Hand bedeckten, eine hohe Taille und die tiefen betonten Hüften, reichlich perlenbesetzte Borten sowie die nonnenhaften Schleier. Diese bedeckten fast den ganzen Kopf und Hals und ließen nur das Gesicht frei. Madeleine Ginsburg, Expertin der Kostümgeschichte beschreibt ein typisches Modell von Ada Wolf aus dem Jahr 1914, das direkt nach dem Ausbruch des Ersten Weltkriegs getragen wurde. Das elfenbeinfarbene Kleid aus Seide und Spitze war »kunstvoll gearbeitet, weltentrückt und bewusst pittoresk; eine modische, mit Schmucksteinen eingefasste, kurze Tunika über schwerer Spitze, die Schleppe ist mit einer Rüsche aus rosa Tüll besetzt und mit einem Wasserfall aus kleinen Rüschen eingefasst«.[14]

LINKS Das eng anliegende Oberteil mit noch engerer Taille war um 1900 sehr populär. Dank moderner Stoffe und Schnitte sind solche Kleider heute wesentlich bequemer, wie diese fröhlich lachende Braut in einem Kleid von Lorraine Wesselby aus Edinburgh beweist.

Solch »künstlerische« Brautkleider blieben bis in die 1920er-Jahre in Mode, und das am meisten fotografierte und gemalte Kleid dieser Art war jenes, das Lady Elizabeth Bowes Lyon (heute besser als Queen Mum bekannt), Tochter des Earl of Strathmore, am 26. November 1923 bei ihrer Hochzeit mit dem Duke of York, dem späteren König Georg VI, trug (Abbildung auf Seite 73). Entworfen hatte es Madame Hanley Seymour und man beschrieb es als »vom mittelalterlich italienischen Stil beeinflusst«.[15] Das Kleid bestand aus elfenbeinfarbenem Chiffon moiré mit Silberlamé-Bändern, die mit Stabperlen besetzt waren. Nigel Arch und Joanna Marschner von der Court Dress Collection im Kensington Palace betrachten dieses Kleid als eher einfach – nach königlichem Maßstab: »Das Kleid hatte einen tiefen, quadratischen Ausschnitt mit einer schmalen paspelierten Kante. Die Ärmel waren genauso eingefasst. Das Oberteil war gerade geschnitten, ohne Abnäher für die Taille, und am Rücken lief das Kleid zu einer Schleppe aus. Vorne war der Rock im Taillensaum leicht in Falten gelegt. Auf der Vorderseite des Kleids verlief ein senkrechter Streifen aus Silber-Lamé mit horizontalen Streifen über dem Oberteil. Jeder Streifen war mit Goldstickerei sowie Perlen dekoriert und eingefasst. Die zum Kleid gehörende Schleppe reichte etwa 25 Zentimeter über den Saum hinaus und war zwei Meter lang. Darüber wurde die Schleppe von Queen Mary aus alter Spitze getragen. Der Schleier, der aus ähnlicher Spitze bestand, war mit einem schlichten Orangenblütenkranz befestigt.«[16]

Also waren auch die Brautkleider des frühen 20. Jahrhunderts sehr aufwendig gearbeitet, obwohl, wie die Historikerin Madeleine Ginsburg bemerkt, »Benimmbücher moralische Bedenken gegenüber diesem Prunk hegten und einfache Schlichtheit empfahlen. Im Großen und Ganzen wurde dieser Ratschlag missachtet, eine Ausnahme bildeten nur die ganz Armen und die besonders Sparsamen. Die meisten Bräute wünschten sich ein besonderes Kleid, das prächtig und vor allem modisch schick sein sollte für den gloriosen Abschied vom Mädchenstand – ihren Hochzeitstag.«[17] In einer Zeit des betont aufwendigen Lebensstils sollte das Kleid außerdem so kunstfertig wie möglich gearbeitet sein, und Meter von handgeklöppelter oder besser noch alter Spitze aus der Familie wurden dem billigeren maschinell hergestellten Produkt vorgezogen: Nach dem Gewicht berechnet, war handgeklöppelte Spitze sogar wertvoller als Gold.

Spitze, kunstvoll miteinander verschlungene und verflochtene feine Baumwollfädchen, galt seit dem 17. Jahrhundert als eine Kunstform, und wegen der vielen Stunden anstrengender Handarbeit, die man zur Herstellung bester Qualität benötigte, war sie unglaublich teuer. Darum war es bis zum 19. Jahrhundert Mode, große Mengen Spitze für die Kleidung zu verwenden – als Demonstration von Reichtum und Eleganz. Dies galt vor allem für Brüsseler Spitze oder englische Nadel-Spitze *(point d'Angleterre),* die von besonders hoher Qualität waren und vorwiegend an Königshöfen verwendet wurden. Mit der Zeit entwickelte sich der Brauch, feine Spitze von einer Generation an die nächste weiterzugeben, und um 1900 gab man sie bevorzugt einer Braut, damit sie die Spitze am Hochzeitstag entweder als Schleier oder als dekoratives Element des Brautkleids tragen konnte. Das Ergebnis war eine betont feminine Wirkung. Darüber hinaus zeigte sich so natürlich auch der Reichtum einer Familie – Hochzeiten waren ein guter Vorwand, um an die in der Familie aufbewahrte Spitze »zu kommen«.

Neben der Spitze diente eine Vielzahl dekorativer Details, wie etwa schmale Abnäher und silber- oder goldfarbene Stickereien, der »überwältigenden Pracht«[18]. Dies zeigt sich auch in der Beschreibung eines »reich geschmückten Brautkleids« von 1911: »Miss Rawsons Kleid bestand aus lilienweißem Satin mit einer Draperie aus feiner alter Brüsseler Spitze, die ein überkreuztes Oberteil nach Art des Fichu bildete. Hemd und Kragenband bestanden ebenfalls aus alter Spitze, und an den Ellbogen kräuselten sich Rüschen ganz im Stil von Louis Seize, während die Ärmel des Unterkleids auch aus Spitze waren.«[19] Das Hochzeitskleid hatte sich endgültig als kostspieliges, unvergleichliches »Einzelstück« etabliert.

Modisch-elegante Brautkleider zu entwerfen war äußerst arbeitsintensiv, mussten sie doch viele Tage lang von ärmeren Frauen in kunstfertiger Handarbeit zugeschnitten, anprobiert und schließlich fertig gestellt werden. Die Historikerinnen Jane Beckett und Deborah Cherry bemerken dazu: »Darum gründete sich die Macht von Frauen der Mittel- und Oberschicht, die ihre gesellschaftliche Stellung sowie Reichtum, Klasse und ihre selbst geschaffene Weiblichkeit mithilfe ihres Kleids demonstrierten, auf die Fertigkeiten von Frauen der Arbeiterschicht.«[20] Als Lady Violet Manners sich 1911 auf die Hochzeit mit dem Duke of Rutland vorbereitete, entschied sie nur wenige Tage vor der Trauung, dass ihr eigenes Familienwappen und das ihres Bräutigams in ihre Schleppe aus feinem Goldstoff eingestickt werden sollte. Nur zu gut können wir uns die schlaflosen Nächte der armen Näherin vorstellen, die dieser Forderung nachkommen musste.

Auch die Braut und ihre Begleiterinnen mussten einige Strapazen über sich ergehen lassen, doch waren sie eher durch die Mode als wirtschaftlich begründet. Hochzeitsfrisuren konnten zum Beispiel außerordentlich kompliziert sein, denn das weibliche Idealbild jener Zeit verlangte üppige Hochfrisuren, die durch falsche Haarteile an Volumen gewannen und regelmäßig von einer Zofe gerichtet werden mussten. Lady Violet Hardy beschrieb dies als »mächtige Hüte, die auf Pyramiden aus Haar balanciert wurden, welches, falls nicht das eigene, durch falsches ersetzt wurde ... Polster unter dem Haar waren allgemein in Gebrauch und führten zu unnatürlich großen Köpfen. Die Zahl der benötigten Haarnadeln war endlos.«[21] Vor einer Hochzeit konnten die Dienste eines bestimmten Friseurs derart begehrt sein, dass manche Hochzeitsgäste ihr Haar bis zu zwei Tage im Voraus frisieren ließen und einige unbequeme Nächte aufrecht sitzend in einem Stuhl verbringen mussten, um das Werk nicht zu ruinieren.

Da man den häuslichen Bereich als den geeigneten Ort für Frauen betrachtete – trotz der immer militanteren Proteste der Suffragettenbewegung –, bildeten die Ehe und die Trauzeremonie eine Art Weihe dieses traditionellen Verständnisses von Weiblichkeit. Das Ritual der Hochzeit unterstrich, dass der Platz einer Frau zu Hause als Ehefrau und Mutter war und nicht außerhalb dieses Heims als ledige, unabhängige Frau. So ist es kein Zufall, dass genau zu dem Zeitpunkt, als Feministinnen in Europa und Amerika zunehmend gegen die häusliche und unterjochte Rolle der Frau protestierten, Hochzeiten prächtiger, förmlicher und in ihren Ritualen noch strenger wurden. Man erinnerte die Frau an den ihr zustehenden Platz in der Gesellschaft – als errötende Braut. Einige Frauen waren jedoch bereit, sich zu widersetzen. Eine Schriftstellerin gab zu bedenken: »Betrachtet man die Ehe mit dem Gefühl der Vorfreude, erscheint sie wie ein Ausweg, doch oft zeigt sich, dass sie nur eine zweite unterbezahlte Beschäftigung ist.«[22] Und die Schauspielerin und Suffragette Cicely Hamilton legte in ihrem Buch *Marriage as a Trade* von 1909 dar, dass die Ehe auf der wirtschaftlichen, sexuellen und gesellschaftlichen Unterdrückung der Frau beruhe. Ein vielleicht unbewusstes Symbol dieses Umstands stellte eine kurzlebige Mode für Hochzeitsfrisuren dar, bei der die Blumen für den Kranz, der auf dem Kopf saß, auf Drähte gewickelt wurden. Dies ließ die Blumen erzittern, während die Braut zum Altar schritt – ein Symbol ihrer Besorgnis über das, worauf sie sich hier einließ?

Die Zeit um 1900 war somit auch eine Zeit, in der Frauen den Wert der Ehe als Institution diskutierten. In dem zum Klassiker gewordenen Buch *Love and Marriage* von 1911 schreibt die schwedische Feministin Ellen Key, Frauen sollten »Männer ausschließlich als ein Mittel betrachten, ein Kind zu bekommen«.[23] Die Historikerin Sheila Rowbotham nennt eine »rebellische Minderheit«, die sich »aufmachte, der Konvention zu trotzen, indem sie sich in ihrem eigenen Leben gegen die Ehe stellte. Zu ihr gehörten Anarchistinnen wie Rose Witcop aus der jüdischen Gemeinde im Osten

RECHTS Ian Stuarts Braut scheint einem Gemälde von Winterhalter aus dem 19. Jahrhundert entstiegen zu sein. Die Extravaganz der Robe wird durch die Verwendung von Rot noch gesteigert, und diese theatralische Ästhetik macht deutlich: Heutige Brautkleider sind nur für einen einzigen Tag bestimmt.

SILVIA TCH

Londons, die in einer freien Verbindung mit dem Anarchisten Guy Aldred zusammenlebte, und die geistreiche sozialistisch-feministische Schriftstellerin Rebecca West, die mit H. G. Wells ein Kind haben sollte.«[24] Rowbotham beschreibt lautstark protestierende Gruppen von Frauen mit »fortschrittlichen Ansichten«, die »in Provinzstädten und kleinen Orten über Ehe und freie Liebe debattierten, kurzes Haar trugen und einen künstlerischen Stil für ihre Hauseinrichtung und ihre Kleidung wählten« – eine radikale Gemeinschaft, die sowohl der Suffragetten- als auch der sozialistischen Bewegung nahe stand.

Bemerkenswert ist, dass die Hochzeitszeremonie inmitten radikaler Bestrebungen und dem Ruf nach sozialer Veränderung zu einem noch bedeutenderen gesellschaftlichen Ereignis wurde. Im Gegensatz zur typischen Hochzeit im 19. Jahrhundert, die man ohne öffentliches Aufsehen feierte, dokumentierten nun Zeichnungen und Fotografien das Ereignis, Hochzeitstorten wurden zu monströsen Gebilden, und einige schöne Bräuche wurden hinzuerfunden (etwa dass der Bräutigam Braut und Brautjungfern Schmuck schenkte oder das Paar Geld statt Geschenke erhielt).

Diese immer strengere Haltung gegenüber Liebe und Ehe durchdrang alle Bereiche der Gesellschaft und verdrängte die Rituale des Brautwerbens, die seit Generationen Gültigkeit gehabt hatten. In der Vergangenheit war die sexuelle Verbindung zwischen einem Mann und einer Frau, die die Absicht hatten zu heiraten, gewöhnlich toleriert worden (vor allem in Familien der Arbeiterschicht sowie in ländlichen Gegenden als Teil der Verlobungszeit). Doch die Veränderungen waren bereits im Gange und, wie der Historiker Steve Humphries es formuliert, »unter dem Einfluss sexueller Tabus der Viktorianer sollte die erste Hälfte unseres Jahrhunderts zu einer Periode starker sexueller Beschränkung und eines sexuellen Schuldgefühls unter jenen jungen Menschen werden, die ›anständig‹ blieben.«[25] Dies bedeutete jedoch nicht, dass man den Sex nun gestrichen hatte – er wurde vielmehr zu einer sündigen Angelegenheit im Verborgenen, und Verbindungen unverheirateter Paare begannen sich nach einem strengen Regelwerk aus »Ver- und Geboten« zu gestalten, das die Eltern vorgaben. So zog man lange Verlobungszeiten gern in Betracht, während Sex vor der Ehe völlig ausgeschlossen war und das durchschnittliche Alter, in dem Männer und Frauen heirateten, so hoch war wie noch nie: 24 Jahre bei der Braut und 27 beim Bräutigam. Ehe jemand unter 21 Jahren heiraten konnte, verlangte das Gesetz das elterliche Einverständnis (das selten gegeben wurde).

Das Brautwerben kontrollierten und lenkten in jener Zeit die Eltern, die auch bei der eigentlichen Wahl des Partners ein Wörtchen mitzureden hatten. Ein solcher Kandidat musste dann in aller Form um Erlaubnis bitten, ein Mädchen am Abend ausführen zu dürfen, mitunter sogar in einem Brief an den Vater. Kam er infrage, wurde er dann beim sonntäglichen Tee auf Herz und Nieren geprüft, und wenn alles gut ging, folgte eine längere Periode des Werbens und der Verlobungszeit, in der natürlich ausnahmslos sexuelle Zurückhaltung geübt werden musste. Nach all dem erhielt die Hochzeit eine nie zuvor gekannte Bedeutung und wurde, wie Steve Humphries es nennt, zu einer »immer prachtvolleren Zeremonie, die die jungfräuliche Braut zelebrierte ... das Produkt einer neuen sexuellen Konformität und Beständigkeit«.[23] Und er fährt fort: »Zunehmende staatliche Interventionen, zu denen auch die Schulpflicht in städtischen wie ländlichen Gegenden gehörte, und der wachsende Medieneinfluss, der die Verbreitung der Ideologie der Mittelschichten förderte, ließ die ›unmoralischen‹ sexuellen Gepflogenheiten schwinden, die ihren Ursprung auf dem Land hatten. Das eheähnliche Zusammenleben, das weltliche Recht, die Eheschließung wie die Scheidung selbst zu vollziehen, nächtliche Besuche,

LINKS **Ein glänzendes Brautkleid aus goldfarbener Seide von der Designerin Silvia Tcherassi, das gleichzeitig modern und romantisch wirkt. Tcherassi führt die Tradition weiter, indem sie Gold statt des gebräuchlicheren Weiß verwendet.**

bei denen Paare vor der Ehe miteinander schliefen, und die ländliche Tradition, dass die Braut schon vor der Hochzeit schwanger wurde (eine Art Test der Fruchtbarkeit), all diese Traditionen und noch weitere, die in den ärmeren Schichten durchaus verbreitet waren, gehörten in den meisten Gegenden schon der Vergangenheit an. Um 1900 hatten die Wertmaßstäbe der sexuellen Reinheit und Anständigkeit, für die die Kirche, der Staat und die Mittelschichten eintraten, die gesamte Gesellschaft durchdrungen – mit Ausnahme der untersten und der ganz oberen Schichten.«[27]

Die Brautmode der Zeit um 1900 kann somit in vielerlei Hinsicht als einengend betrachtet werden: Sie diente als Kontrolleinrichtung für Frauen, die den von ihrem Geschlecht erwarteten Weg beschritten. Das Kleid schränkte die Braut in ihrer Bewegungsfreiheit ein und bestand aus feinsten, jungfräulich weißen Materialien, die nur zu leicht ruiniert werden konnten. Das gewaltige Ausmaß dekorativer Details verwies auf hoch gesteckte Ziele, Reichtum und Erfolg, lenkte die Aufmerksamkeit jedoch auch auf den Körper der Braut als einen Ort zukünftiger sexueller Freuden, war die Verwendung von Materialien wie Spitze, Gaze und Crêpe de Chine doch eine eindeutige Anspielung auf Damenunterwäsche. Im Vergleich dazu wirkte der Bräutigam wesentlich nüchterner. Ebenso wie bei der Braut bestimmten strenge Regeln der Etikette das Äußere des Bräutigams. Die auf Hochzeiten spezialisierte Historikerin Avril Lansdell bemerkt dazu: »Britische Geschäftsmänner trugen einen Cut (oder einen Gehrock, wenn sie wohlhabend waren) und Männer der Arbeiterschicht einen Straßenanzug [zusammenpassende Jacke und Hose]. Amerikaner und Deutsche sah man bei englischen Hochzeiten mitunter im Straßenanzug, doch wer über ein gewisses Standesbewusstsein verfügte, betrachtete dies als ›eines Gentleman unwürdig‹.«[28] Trotz solcher Vorwürfe begegnete man um 1913 bei Hochzeiten und anderen offiziellen Ereignissen immer häufiger dem Straßenanzug, und Mitte der 20er-Jahre war er zur allgemein akzeptierten Kleidung für Männer aller Schichten geworden, die sich elegant anziehen wollten. Modische Konventionen, die seit Generationen Gültigkeit besessen hatten, gingen verloren und die ländliche Tracht des langen Bauernkittels und der Cordhosen wurde durch den Anzug ersetzt, ein Kleidungsstück, an das man gesellschaftlichen Rang geknüpft hatte.

War der Anzug im 19. Jahrhundert ursprünglich das Kleidungsstück der höheren berufstätigen Schichten – jener, die in Sitzungssälen und auf einflussreichen Posten saßen –, wurde er nun von Männern getragen, die eher körperlich als im Sitzen arbeiteten. John Berger meint dazu, dass der Anzug »den niederen sozialen Rang desjenigen, der ihn trug, keineswegs verhüllte, sondern eher unterstrich und betonte«.[29] Anfang des 20. Jahrhunderts wurden in Fabriken hergestellte Anzüge auf großen Märkten auf dem Land verkauft und verdrängten schließlich die traditionellen ländlichen Trachten als Standardkleidung für Hochzeiten. Die traditionelle Festtagskleidung für Bauernhochzeiten, die »die jeweilige Körperform respektierte« und im Grunde das genaue Gegenteil maßgeschneiderter Kleidung darstellte, wurde weggeworfen und durch Kleider ersetzt »mit denen man der idealisierten Form eines sich kaum verändernden Körpers nacheiferte«.[30] Auf diese Weise wurde die einfache Landbevölkerung Teil des maßgeschneiderten Gesellschaftssystems, mit dem man auch die Standards der herrschenden Schichten akzeptieren musste. Ein einfacher Arbeiter sah in einem Anzug nur dann schick aus, wenn er sich ein maßgearbeitetes Stück leisten konnte, das perfekt passte – und für die Ärmsten war dies einfach unmöglich. Ihre Anzüge passten nie richtig und darum sahen sie auch niemals richtig gut darin aus.

Genau das Gleiche traf auch auf das Brautkleid zu: Wer genügend Geld hatte, sah stets etwas besser aus, und wer nicht genug hatte, stets etwas schlechter. Die Autorin Winifred Foley beschreibt eine Arbeiterhochzeit auf dem Land, bei dem das Kleid der Braut nicht gerade die Erwartungen erfüllte: »... es war ein Rätsel, woher Nells Mum das Geld hatte, um den weißen Stoff und die Spitzenborte für Nells Kleid zu kaufen. Wenn man bedenkt, dass Mrs Wills die Mutter von zwölf Kindern war, hatte sie jedoch wenig Ahnung davon, wie man die Form eines Kleids den

Bedürfnissen des Körpers anpasste. Dieses war einfach ein gerades Rohr mit zwei kleineren geraden Rohren, die als Ärmel eingenäht waren, und oben war ein Loch für Nells Kopf gelassen. Die Spitzenborte ging um den Ausschnitt herum und um die Ärmel, doch nur um zwei Drittel des schmalen Rocks. Der war durch einen Abnäher auf nur einer Seite sogar noch enger gemacht worden, damit die Spitze vielleicht doch ausreichen würde. Das Ganze bekam dadurch eine interessante, leicht schiefe Wirkung und außerdem konnte Nell darin kaum gehen.«[31]

Für Frauen von niedrigerem sozialem Rang und mit geringem Einkommen gab es verschiedene Möglichkeiten, bei ihrer Hochzeit passend gekleidet zu sein. Statt eines festlichen Kleids konnten sie ein hübsches Kostüm oder ein bereits vorhandenes »Sonntagskleid« tragen, und auch Hochzeitskleider wurden umgearbeitet und wieder und wieder verwendet. Die Beschreibung des Balls einer Dienerschaft von 1895 erwähnt zum Beispiel »ein junges Mädchen, das sich das Brautkleid ihrer Großmutter ausgeborgt hatte«,[32] und ein spätviktorianischer Roman beschreibt »die Frau des armen Kurators, die ihr Brautkleid Jahr für Jahr zur alljährlichen Dinnerparty des Gutsherrn trug und stets versucht hatte, diesen Umstand zu verbergen, indem sie es nacheinander mit verschiedenen Farben gefärbt hatte, zuerst mit Pastelltönen und schließlich mit dem unausweichlichen Schwarz«.[33]

Um 1913 begann sich die Brautmode zu wandeln und plötzlich gehörten die der Hofkleidung nachempfundenen langen, reich verzierten Schleppen, die Brautjungfern unentbehrlich gemacht hatten, der Vergangenheit an. Das Gleiche galt für die üppigen Brautsträuße aus Frauenhaarfarn und Rosen, die zu einem typischen Merkmal der Hochzeit jener Epoche geworden waren, obwohl man sie auch noch auf Hochzeitsfotos der 1920er-Jahre bewundern kann. Der neue Look für die Braut war kürzer und einfacher – und den Weg dafür ebnete die britische *Vogue* mit dem geradezu klagenden Ruf nach einem »einfachen Kleid, höchst schlicht, mit einer glatten, schimmernden Schleppe«.[34] Die Hochzeitskleider verloren ihren prächtigen Putz. Der neue, modernere Stil erlebte in den 20er-Jahren seinen Höhepunkt, wobei die unvermeidliche und bittere Unterbrechung durch den Ersten Weltkrieg noch wesentlich nüchternere Hochzeiten zur Folge hatte. Luxuriöse Stoffe waren schwer zu bekommen, darum entschieden sich viele Bräute für einen schlichten Stil, den sie im Alltag tragen konnten. Der Krieg führte auch zum Niedergang zahlreicher Schneidersalons, da viele Näherinnen fortgingen, um in Munitionsfabriken oder auf Farmen ihren Beitrag zu leisten.

Die Historiker Beckett und Cherry betrachten die Zeit um 1900 als eine Periode, die »eine immer prächtigere Ansammlung von Fehlkonzepten entstehen ließ. In der zweiten Hälfte des [zwanzigsten] Jahrhunderts hat die Welt des Films und Fernsehens die Zeit von 1900 bis 1910 in einem romantischen Dunstschleier erscheinen lassen. Aus solch einer Entfernung verleiht der Blick zurück der Periode eine Stabilität, auf die man in unseren scheinbar viel turbulenteren Zeiten mit dem Gefühl der Beruhigung schaut.«[35] Dieses nostalgische Empfinden für eine imaginäre Epoche ist zum Teil aus den sepiafarbenen Fotos unserer eigenen Familienalben entstanden oder aus Filmen wie *Mary Poppins* oder *Wiedersehen in Howards End*. So gelangten wir zur stereotypen Vorstellung von der »Dame um die Jahrhundertwende«, die im Lauf des 20. Jahrhunderts als besonders gut erhaltenes Fossil ein Bestandteil unserer Kultur geworden ist. Wir sehen sie vor uns in »ihrer bekannten Silhouette – aufrecht, eng geschnürt, in raschelnde Seide gehüllt, mit einem raffiniert drapierten Rock, langen Ärmeln, einem breitkrempigem Hut auf üppiger Hochfrisur, in der behandschuhten Hand hält sie einen Sonnenschirm und ihr Gesicht ist ein feines Bild aus Kosmetika«.[36] Dieses historische Klischee ist so verbreitet, dass man sich jederzeit darauf beziehen kann, und die modischen Details sind zu Grundelementen der Brautmode geworden. Längst gehört dieser »Lock« zu den Klassikern im Repertoire historischer Stilrichtungen.

VORHERIGE SEITE (Links) Mit dem locker aufgetürmten Haar und dem sittsamen Blick drückt dieses Bild von einer Braut (von Cocoe Voci) unsere ungebrochene Faszination für die Zeit um 1900 aus. (Rechts) In der Tradition der Haute Couture beendet der britische Designer Tomasz Starzewski seine Show mit einer Braut. Sie trägt einen langen Organzarock und ein passendes Oberteil mit erhabener Blumenstickerei. Die mit Pelz besetzten Ärmel und Kapuze erinnern auf romantische Weise an Eislaufkleidung aus dem 19. Jahrhundert – der perfekte Look für eine Winterbraut.

OBEN UND RECHTS In den 70er-Jahren des 20. Jahrhunderts folgte Laura Ashley der Hippie-Nostalgie für eine verlorene arkadische Vergangenheit und produzierte eine äußerst erfolgreiche Serie von Roben, die dem typischen Modestil um 1900 nachempfunden sind. Dabei orientierte sie sich stärker am informellen Teekleid als dem klassischen Brautkleid der Zeit. Ihre Kleider wurden zu verschiedensten öffentlichen Anlässen getragen.

VORHERIGE SEITE Zwei traditionelle Entwürfe des Ateliers Aimée, deren märchenhafte Wirkung auf Zitaten historischer Stile beruht. Zum glockenförmigen Rock mit integrierter Schleppe inspirierte der Stil des frühen 20. Jahrhunderts, der hier eine moderne Entsprechung der typischen Silhouette findet.

LINKS UND OBEN Vier unterschiedliche Brautkleider, die die vielen historischen Zitate von Designern demonstrieren. Von links nach rechts: Ein Beispiel der Haute Couture von Chanel mit einer für das 19. Jahrhundert typischen Turnüre; Donna Salado setzt hier den »männlichen« Gehrock mit großer Wirkung ein; dieses Foto (1971) von Dick Zimmerman für *Vogue* spielt auf ein Bild von Maria Stuart an; Coleman Douglas verwendet Perlen statt des klassischen Diadems für die Braut.

VORHERIGE SEITE Die zwei Roben machen deutlich, wie kleine Veränderungen in Schnitt und Styling zu völlig unterschiedlichen Ergebnissen führen. Cocoe Voci hat die klassische Krinoline ins 20. Jahrhundert übertragen und ein Oberteil mit Halterneck hinzugefügt, während Lorenzo Riva, von Gemälden des 19. Jahrhunderts inspiriert, eine gewickelte Polonaise wählt.

LINKS UND OBEN Eine Auswahl von Hochzeitskleidern der letzten Dekade. Von links nach rechts: Reem Acra aus New York kombiniert eine Empire-Taille mit einer Turnüre; Vivienne Westwood führt ihre Experimente in Sachen Anatomie fort – ein Brautkleid mit vorstehender Turnüre für ihre Café-Society-Kollektion von 1994; ein Modell von Luisa Beccaria aus dem Jahr 2000, das Elemente der viktorianischen Tageskleidung zeigt; auch diese Robe von 1999 stammt von Beccaria, wieder vom Viktorianismus inspiriert.

VORHERIGE SEITE Zwei Modelle von Ian Stuart – das rechte profitiert vom einfallsreichen Rippenmuster des perlenbesetzten Korsett-Oberteils, das linke entführt in die Welt eines Showgirls mit körperbetonter Silhouette und langen Handschuhen.

LINKS 1998 kombinierte Chantal Mallett ein mittelalterlich anmutendes spitz zulaufendes Oberteil mit einem fließenden Rock und schuf so ein Hochzeitskleid aus raffinierten Kontrasten.

RECHTS Bei diesem fast architektonischen Design verwendete Ritva Westenius schweren Satin für das spitz zulaufende versteifte Oberteil sowie für den passenden Rock und die integrierte Schleppe.

VORHERIGE SEITE (Links) Ein Modell von Jesus Peiro aus dem Jahr 1999, bei dem Oberteil und Rock aus zwei separaten Stücken Dupion-Seide bestehen. Das schlichte Oberteil mit Peplon erinnert an eine Rüstung, doch die Wirkung wird durch die Fleur-de-Lis-Stickerei auf dem Rock aufgelockert. (Rechts) Dieses Kleid von Peiro ist voller historischer Anspielungen – das Oberteil vereinigt elisabethanischen Stil mit einem Peplon des 19. Jahrhunderts und den dreiviertellangen Ärmeln des 18. Jahrhunderts. Die transparente Wirkung wird durch einen schlichten Seidenrock und darüber liegende Spitze erreicht; an den Ärmeln ist die Haut darunter sichtbar.

OBEN Die schlichte Form von Oberteil und Rock von Allison Blake erhält durch die feine Stickerei von Meeresmotiven eine luxuriöse Note.

RECHTS Was für ein Kontrast zur modernen Architektur des Opernhauses in Sydney! Ein höchst nostalgisches Brautkleid von Maggie Sottero.

VORHERIGE SEITE (Links) Ani Alvarez Caldéron vereint in ihrem innovativen Design Ost und West. (Rechts) Für das Jahr 2000 wählte Jesus Peiro Seiden-Krepp wegen seiner besonderen optischen Wirkung, die er sich für dieses trügerisch einfache Modell mit mittelalterlich anmutenden Ärmeln wünschte. Der Haarschmuck aus Efeu erinnert an die Kunst der Präraffaeliten.

RECHTS Eine moderne italienische Braut in einem Kleid mit modischen Details aus dem 19. Jahrhundert für eine nostalgische Wirkung.

»Dirnen tragen hellen Brokat, Organdy ist für Bräute, Gingham für die versprochene Maid, Satin für die Befreite!«

Dorothy Parker (1928)

Der Flapper-Look

In den konsumorientierten 20er-Jahren des 20. Jahrhunderts wurde in allen Bereichen des Designs die Weltordnung auf den Kopf gestellt – zugunsten einer modernistisch-utopischen Stromlinienform: leuchtend, jugendlich und strahlend weiß. Die neue Ästhetik basierte auf dem Prinzip der einfachen Form und die Mode präsentierte sich im allgegenwärtigen Garçonne-Stil oder Flapper-Look mit kurzen Röcken und dem berühmten Glockenhut (dem Cloche), der das Haar verdeckte. Dieser »moderne« Look hatte mit dem extravaganten Äußeren einer Braut um 1900 denkbar wenig zu tun. Seinen Ausdruck fand er zum Beispiel in den Kleidern, die Coco Chanel seit etwa 1916 entwarf: »Beigefarbener Strickstoff und grauer Flanell – Jerseykleider und Anzüge im maskulinen Stil des Dandys.«[2] Die Kostümhistorikerin Valerie Steele kommentiert diesen neuen Look so: »Der Nicht-Luxus war viel schicker geworden als die unverhohlene Zurschaustellung.«[3]

Das Flapper-Girl, ein trinkendes, rauchendes, stark geschminktes, unabhängiges junges Ding, ist inzwischen zu einer Art Klischee der Mode geworden. Doch dieses Mädchen gab es wirklich, zumindest in der Vorstellung vieler junger Frauen in den 20er-Jahren. Für sie war das Flapper-Girl die Verkörperung einer schönen neuen Welt, die nach dem blutigen Ersten Weltkrieg entstanden war. Es handelte sich um die komprimierte visuelle Form eines Frauentyps, der in Amerika als »new woman« bezeichnet wurde. Die Filmkritikerin Molly Haskell bemerkt dazu: »Wenn sich die ›neue Frau‹ in der verbal wie sexuell unterdrückten Sprache der Stummfilme präsentierte, posierte sie dazu in Satin und inhalierte eine Zigarette.« Molly Haskell beobachtet im Film der 20er-Jahre einen besonderen Trend, nämlich »zu einer intellektuelleren Sichtweise von der Welt, von Ehe, Scheidung und Verlangen ... eher rhetorisch als real, ein tröstender Rausch für Frauen, die gewagt aussehen und sich so fühlen wollten, ohne tatsächlich etwas zu riskieren, die die Welt schockieren wollten, indem sie nach Mitternacht nach Hause kamen – aber bloß nicht später.«[4]

Bei der Schaffung dieser großen Illusion spielte die Mode eine wichtige Rolle. Die Kulturhistoriker Stuart und Elizabeth Ewen kommentieren dies folgendermaßen: »Eine neue Art des Selbstverständnisses gegenüber der Gesellschaft machte sich bemerkbar. In Verbindung mit einer ganz persönlichen Form der Kleidung brach sie mit einer Vergangenheit, in der soziale und wirtschaftliche Kriterien die Zugehörigkeit zu einer Gesellschaftsschicht bestimmt hatten ... Nach diesem Schema konnte man sich nun eine gesellschaftliche Identität von der Stange kaufen.«[5] Mode wurde zum Schlüssel für Freiheit und im Lauf der 20er-Jahre befreiten sich viele Frauen im übertragenen wie auch im wahren Wortsinn von der übermäßigen Dekoration der vorangegangenen Ära. Eine Couturier beschrieb die Frauen jener Tage als »zarte Figuren, in drei Meter Stoff gehüllt, mit einem Rock bis knapp unter das Knie, einem winzigen Glockenhut, verziert mit Band oder Borte, ... mit langen Beinen in Seidenstrümpfen«.[6] Und

LINKS **Prinzessin Marina von Griechenland und der Duke of Kent feierten 1934 eine der einflussreichsten Hochzeiten der 30er-Jahre: Die britische *Vogue* widmete der Braut eine ganze Ausgabe, und Marinas Diadem wurde zum festen Bestandteil klassischer Brautmoden.**

der Pariser Friseur Antoine erklärte: »Für die Frauen war nun die Zeit gekommen, ihr Haar kurz zu tragen. Dieses neue Automobil, in dem die Frauen ungeschützt im Wind saßen, diese neuen Frauen mit einer Karriere, dieses geschäftige Leben und diese sich verändernde Kleidung, die nach einer kleinen, klaren Kopfform verlangt und nicht nach einer üppigen Haarpracht.«[7] Auch in der Gesetzgebung kam es zu Veränderungen. Im Jahr 1934 war die Feministin Winifred Holtby zu folgender Aussage in der Lage: »Einige Unterschiede bestehen weiterhin ... doch wurde die gesamte rechtliche Stellung von Männern und Frauen revolutioniert.«[8]

Trotz dieser kulturellen Veränderung blieb das Verständnis von Brautwerbung und Ehe dennoch fest in Traditionen verhaftet und viele Frauen betrachteten die Ehe als die ihnen zukommende Bestimmung. Die strengen Formen der vorangegangenen Epoche beherrschten noch immer die Beziehungen: Die gesamte Brautwerbung war im Grunde immer noch eine sehr formelle Angelegenheit, denn sie »berührte wichtige Belange der Mittelschicht, wie etwa Familienstolz, die Furcht vor Illegitimität sowie wirtschaftliches Wohlergehen oder Überleben. In vielen Familien gründeten sich die Bemühungen der Eltern, die Brautwerbung zu kontrollieren und die Eheschließung ihrer Söhne und Töchter hinauszuzögern, auf eine wirtschaftliche Notwendigkeit oder den Wunsch, einen geringfügig höheren Lebensstandard zu erhalten. Wertvolle Arbeitskräfte gingen verloren, wenn die Kinder heirateten, und dieser wirtschaftliche Aspekt war vor allem in Familien mit nur einem Elternteil von großer Bedeutung.«[9]

In den 20er-Jahren war es der größte Ehrgeiz eines jungen Paars, eine Hochzeit in Weiß zu feiern und ein ordentliches Heim zu gründen, in das man nach der Hochzeit einziehen konnte. Und dies bedeutete jahrelanges »Sparen« – Geld sparen, für die Aussteuer sparen und sich selbst »aufsparen« für die Ehe. Der Historiker Steve Humphries bemerkt dazu: »Der große Traum vieler Paare war eine perfekte Hochzeit, die über jeder Kritik stand. Dies hieß in erster Linie, dass die Braut keusch und jungfräulich sein musste oder, und das war noch viel wichtiger, dass sie es in den Augen der Familie und Freunde war. Die große Hochzeitsfeier in der Kirche wurde in der ersten Hälfte des Jahrhunderts immer populärer ... Die Hochzeit war für junge Menschen zu einem außerordentlich wichtigen Übergangsritus zum Erwachsensein geworden. Darüber hinaus stellte sie eine wichtige öffentliche Demonstration des gesellschaftlichen Status und der Ehrbarkeit einer Familie dar. Das Schlimmste, weil Schändlichste, was einer Familie passieren konnte, war eine schwangere Braut oder zumindest das Bekanntwerden ihres Zustands.«[10]

Anfang der 20er-Jahre, so erklären Elizabeth Wilson und Lou Taylor, »dominierte immer noch eine Elite das gesellschaftliche Gefüge, und zwar insofern als die gängige Vorstellung einer erstrebenswerten Lebensweise auf eben der Lebensweise dieser Elite beruhte«.[11] Dies zeigt sich besonders in der Brautmode. Immer noch wurde die Gesellschaft »von oben« dominiert und der stilistische Einfluss königlicher oder aristokratischer Hochzeiten, die weiterhin dem Geschmack um die Jahrhundertwende entsprachen, zeigte noch häufig Wirkung. Nachempfundene »mittelalterliche« Stilrichtungen waren nach wie vor »en vogue«, ganz besonders die romantische tiefe Taille, die durch einen Gürtel betont wurde. Dieser Stil zeigte sich etwa 1922 bei der Hochzeit von Henry Viscount Lascelles mit Prinzessin Mary (der Tochter von König Georg V), die eine doppelte Reihe Perlen um die tief angesetzte Taille ihrer kostbaren Robe trug. Im Wesentlichen handelte es sich hierbei um einen von erfundenen Traditionen beherrschten »Vorkriegsstil«, wie er für die meisten königlichen Hochzeiten im 20. Jahrhundert typisch war, doch war die Zeremonie in einer

GEGENÜBER (Links) Prinzessin Marinas Hochzeitskleid von 1934 fing die Stimmung der Pariser Mode ein. (Rechts) Elizabeth Bowes-Lyon, die spätere Queen Mum, wählte für ihre Hochzeit mit dem zukünftigen Georg VI 1923 ein Kleid im mittelalterlichen Stil der Hofschneiderin Madame Hanley-Seymour.

Hinsicht äußerst modern – nämlich in Bezug auf die Teilnahme der Medien. Die Fülle der Informationen, die an die Presse weitergegeben wurden, war für königliche Kreise bisher beispiellos gewesen. In der *Times* wurden private Details über die königliche Aussteuer veröffentlicht, ebenso wie Skizzen und Beschreibungen des Hochzeitskleids, das von Reville stammte, einer Firma von Hofschneidern, die 1906 gegründet worden war und im Gegensatz zu Pariser Couturiers nur für eine sehr kleine, ausgewählte aristokratische Elite arbeitete. Großmütig versorgte das glückliche Paar die Presse mit informativen kleinen Leckerbissen bezüglich der Geschenke und der zukünftigen häuslichen Arrangements von Braut und Bräutigam.

Nach modischen Gesichtspunkten war die Hochzeit eine Enttäuschung, hatte sich die Braut doch auf die mittelalterliche Tradition zurückbesonnen, dass königliche Bräute eine silberfarbene knöchellange Robe trugen – und das zu einer Zeit, in der sich die Mode zugunsten eines kurzen, stromlinienförmigen, eben modernen Looks von der Tradition abwandte. Prinzessin Marys Hochzeitskleid, aus handgewebtem silberfarbenem Stoff, wurde stolz vor dem Altar von Westminster Abbey getragen, während Coco Chanel zur selben Zeit in Paris mit knielangen Brautkleidern experimentierte. An den Schultern setzte Chanel eine lange Schleppe an und schuf so eine raffinierte Mischung aus fließendem Modernismus und aristokratischem Ritus. Das Gewand der königlichen Braut zeigte zumindest eine modische Entwicklung, indem nämlich eine schmale Tunika mit einem transparenten, netzartigen Überkleid kombiniert wurden, das mit einem Gittermuster von Rosen aus Silber-, Kristall- und Staubperlen bestickt war. Die Verwendung eines Überkleids oder Überrocks wurde in den 20er-Jahren nahezu Standard für viele Hochzeitskleider, ob drapiert oder gerafft, aus Chiffon, Georgette oder Crêpe de Chine. Für Prinzessin Marys Schleppe hielt man sich jedoch an die Tradition: Mit Silber durchwirkter Duchesse-Satin war an den Seiten mit breiter Spitzenkrause besetzt. Die Schleppe war ebenfalls mit Stickereien verziert, die das Magazin *The Queen* folgendermaßen beschrieb: »... englische Rose, irisches Kleeblatt und schottische Distel, die Lotusblüte Indiens, die Akazie Australiens, das Ahornblatt Kanadas, der Farn Neuseelands und weitere Embleme, die entlegene Teile des britischen Empire repräsentieren, auf gelungene und leichte Weise zusammengestellt, sodass die Betrachter zuerst einmal die Schönheit des Ganzen besticht und weniger die Symbolik des Musters«.[12]

Reiche Frauen hielten beharrlich an der Schleppe fest – trotz des modernen Stils ihrer Brautkleider. Und so trugen Bräute aus der Königsfamilie und der oberen Gesellschaft weiterhin beinah ausnahmslos ihre Schleppe. Als die Mode kurzer Brautkleider ihren Höhepunkt erreichte, beschrieb eine Ausgabe der *Vogue* von 1926 moderne Schleppen als »von den Schultern bis zur Hüfte transparent, höchst subtile kleine Gardinen, durch die das Publikum einen Blick auf die Figur der Braut werfen kann, während sie zum Traualtar schreitet«.[13] Dennoch wurde die Mode nicht länger von königlichen Roben bestimmt. Statt von den nur noch langweiligen königlichen Schneidern ließ man sich lieber vom Garçonne-Stil inspirieren, dem letzten Schrei der Kollektionen Pariser Couturiers, und so stellten viele Brautkleider der 20er-Jahre eine Ablehnung der Tradition dar – zugunsten einer immer kürzeren, schlankeren und stromlinienförmigeren Mode.

Bräute mit Pagenkopf betonten diese neuartige Frisur durch Kopfbedeckungen, die sie tief in die Stirn zogen, oder eben Glockenhüte, die die Aufmerksamkeit auf ihren neuen Look lenkten. Mitunter erhielt die modische Kurzhaarfrisur einer solchen Braut durch einen langen Schleier, der mit einem Scheitelkäppchen am Kopf befestigt wurde, ein gewisses Gegengewicht. Diesen vom Flapper-Look beeinflussten Stil trugen jedoch nicht alle

LINKS Eine Illustration von Harriet Meserole von 1922 für die britische *Vogue* zeigt den Einfluss des französischen Designers Paul Poiret, der für seine exotischen Entwürfe Elemente wie den Turban verwendete. Die tiefe Taille und das androgyne Flair sind typisch für die Mode der 20er.

Bräute, denn um 1925 war das Flapper-Girl bereits wieder in Verruf geraten. Einer extrem konservativen Presse erschien dieser neue Frauentyp als sexuell anmaßend und von Grund auf unweiblich. Die Flapper-Girls verkörperten die männliche Angst vor Frauen, die sich von ihrer traditionellen Rolle der Frau und Mutter entfernten. Für eine Märchenhochzeit galt dieses Image somit als eher ungeeignet.

Als man in den 20er-Jahren neue Märkte für die breite Masse erschloss, wurde auch modische Kleidung erschwinglicher. Synthetische Fasern wie Kunstseide erlaubten der modernen Braut die Anschaffung ebenso billiger wie hübscher seidig glänzender Kleidungsstücke für ihre Aussteuer, obwohl manche neue Stoffe auch ihre Nachteile hatten, sich etwa nur schwer waschen und bügeln ließen. Die Historikerin Pauline Stevenson bemerkt dazu trocken: »... wenn sie feucht wurden, liefen sie gewöhnlich zu einem Nichts ein, und ein zu heißes Bügeleisen ließ sie wie Krepp zusammenschrumpfen. Doch von diesen Gefahren einmal abgesehen, konnten nun viele Frauen ihre Beine in Seide hüllen, und zu jeder Aussteuer gehörte jetzt auch zarte, mit Spitze eingefasste Unterwäsche.«[14]

Der Rocksaum war zum wichtigen modischen Detail geworden. 1925 präsentierten einige Bräute eine schmale, schlauchartige Silhouette mit herabhängenden Stoffzipfeln am Saum (»Taschentuchrock«) und 1926 wurden bereits knielange, mit Perlen verzierte Kleider getragen. War die Trauzeremonie erst einmal vorbei, eigneten sich diese Modelle gut als Tanzkleider. Hochzeitskleider mussten auch nicht mehr unbedingt weiß oder cremefarben sein. Pastellfarben und auch Blau waren ebenso beliebt. In *A Message to a Bride-to-Be* schrieb die Schönheitsexpertin Lynne Joyce: »Als moderne Braut werden Sie nicht unbedingt ein weißes Brautkleid tragen wollen. Vielleicht entscheiden Sie sich für Zartrosa oder Pastellblau.«[15] Im Jahr 1929 wurde der hintere Rocksaum dramatisch länger, nämlich bis zur Wade, und nahm den längeren, romantischeren Look vorweg, der die 30er-Jahre dominieren sollte.

Die korrekte Kleidung für den Bräutigam war nach wie vor der Cutaway – meist schwarz oder grau – mit grau gestreiften Hosen, einer hellgrauen Weste und einem schwarzen oder grauen Zylinder. Wer sich solch einen prächtigen Anzug nicht leisten konnte, trug seinen besten Anzug, dem er durch ein Hemd mit Klappenkragen etwas mehr formelle Eleganz verlieh, und auch schwarze oder dunkelblaue Straßenanzüge mit einem Filzhut waren bestens geeignet. Firmen wie Burton's und Collier's versorgten den wachsenden Markt mit Gesellschaftsanzügen und stellten nach Maß gearbeitete (allerdings nach nur einer Anprobe), aber erschwingliche Stücke her, die »Fünfzig-Shilling-Anzüge« genannt wurden und oft das erste elegantere Kleidungsstück waren, das ein junger Bräutigam trug.

Gegen Ende der 20er-Jahre sollten »oberflächliche Ornamente vom Schnitt als dem wichtigsten gestalterischen Element der modischen Hochzeitskleidung abgelöst werden«[16]. Und »die raffiniert knabenhafte Braut mit kurzem Haar und kurzem Rock wich der hochgewachsenen, stattlich klassischen Braut, die, in diagonal geschnittene Satinstoffe, Lamé oder Velourschiffon gehüllt, wie eine griechische Statue, eine Königin aus dem Mittelalter oder eine Madonna aussah. Um die Erscheinung zu vervollkommnen, wurde das bevorzugte Brautbouquet, ein Strauß Lilien, eher unpraktisch im linken Arm getragen.«[17] Im Jahr 1930 schrieb die *Vogue:* »Besonders reizend sieht die Braut in den neuen auf Figur gearbeiteten Roben mit langen, fließenden Linien aus.«[18] Gemeint ist eine neue statuenhafte Silhouette, die zweifellos durch Arbeiten von Adrian in Hollywood und

RECHTS Prinzessin Mary und Lord Lascelles heirateten 1922. Sie entschieden sich für Weiß und Silber: Das Brautkleid bestand aus silbernem Stoff und war mit Perlen und Diamanten bestickt. Ein lockerer Gürtel um die Taille hielt eine silberfarbene Rose.

Madeleine Vionnet in Paris beeinflusst war. Vionnets Philosophie lautete: »Man muss den Körper in Stoffe hüllen und nicht ein Kleid konstruieren.«[19] Und so verwendete sie stets weiche, drapierte Materialien, wie etwa schlichten Krepp oder Satinstoffe, die diagonal geschnitten waren, sodass sie sich an den Körper schmiegten und diesen gleichzeitig modellierten. »[Diagonal] geschnittene Dreiecke und Rechtecke werden von uns in Kleidern eingesetzt, die man einfach über den Kopf ziehen kann, und sie passen – ohne Öffnungen am Rücken oder der Seite. Der schräge Schnitt wird vielfältig verwendet, für Halternecks, Bootausschnitte, Glockenröcke oder Taschentuchröcke ... die oft asymmetrischen Entwürfe sollen die Schönheit des sich bewegenden Körpers zeigen.«[20]

Vionnets Kleider mit dem berühmten Diagonalschnitt wurden vielfach kopiert, denn sie entsprachen dem wachsenden Interesse der Frauen in den 30er-Jahren an Gesundheit, gesunder Ernährung und sportlicher Betätigung. Es galt, durch Sport und Tanz einen schönen Körper zu bekommen und sich darüber hinaus durch eine reichliche Portion Make-up der bald florierenden Kosmetikindustrie sowie durch Tipps des Lieblingsfilmstars helfen zu lassen. In den 30ern zogen die Kinofilme bereits ein beachtliches Publikum an und Filmmagazine bedienten die nach dem Leben der Filmstars hungernden jungen Frauen aus der Arbeiterschicht. Der Schriftsteller J. B. Priestley beschreibt den herrschenden Zeitgeist: »Tankstellen und Fabriken, die an Ausstellungshäuser erinnern, riesige Kinos, Tanzhallen und Cafés, Bungalows mit winzigen Garagen, Cocktailbars, Woolworths, Reisebussen, Rundfunk, Wandertouren, Fabrikarbeiterinnen, die wie Schauspielerinnen aussehen ... und Zeitschriften über Filmstars«.[21] Das Magazin *Filmfair* aus dem Jahr 1934 plädierte dafür, »dass es das Ziel einer jeden Frau sein sollte, sich einen weiblichen Star herauszusuchen, der Ähnlichkeit mit ihrem eigenen Gesicht, ihrer Figur oder ihrem Temperament hat, um sich davon inspirieren zu lassen. Die Auswahl der Kleidung wird dann eine ebenso einfache wie faszinierende Angelegenheit.«[22] So war die Kopie eines schweren weißen Satinkleids im Diagonalschnitt, getragen von der wasserstoffblonden Jean Harlow und entworfen von Adrian, ein wahr gewordener Traum.

Die Hochzeit von Prinzessin Marina von Griechenland mit dem Duke of Kent im Jahr 1934 in der Londoner Westminster Abbey spiegelte die Veränderungen wider, die sowohl die Pariser Couture als auch Hollywoods Kostüm-Design bewirkt hatten. Prinzessin Marina, die einige Zeit in Paris gelebt hatte, war von der Mode geradezu besessen. »Ganz nach ihrem Geschmack waren einfache Linien, kombiniert mit den besten Stoffen. Ihr Gefühl für das Detail machte sie zum Prototyp des königlichen Models.«[23] Sie war die erste königliche Mode-Ikone. Als die englische Presse von der bevorstehenden Hochzeit erfuhr, geriet sie in höchste Verzückung. Das Magazin *The Lady* erklärte: »England kann sich in der Tat glücklich schätzen, eine neue Prinzessin zu bekommen, deren Geschmack für Kleidung so perfekt ist«, und beschrieb das Wesen ihres Stils als »schlicht, schlicht, schlicht«.[24] Von dem Augenblick, als Prinzessin Marina englischen Boden betrat, waren Reporter ihr stets dicht auf den Fersen. Sie präsentierte den wartenden Pressefotografen ihren Verlobungsring – ein beeindruckender quadratisch geschliffener Kashmiri-Saphir in einer Platinfassung, flankiert von zwei Diamanten. Sowohl die britische Presse als auch die Öffentlichkeit sahen in ihr die Verkörperung von kontinentalem Stil und Eleganz.

Dementsprechend widmete die britische *Vogue* der ersten königlichen Braut, die Couture trug, auch eine ganze Ausgabe, und die *Illustrated London News* verwandte Seite um Seite auf Zeichnungen und Beschreibungen von ihrer Kleidung. Ihr Kolumnist verglich Marinas Stilsicherheit mit

LINKS Der Kopfschmuck dieser Braut ist ganz typisch für die Zeit vor dem Zweiten Weltkrieg und spiegelt die damalige Entwicklung der Hutmode wider. Besonders beliebt war der Glockenhut, der gewöhnlich fest auf dem Kopf saß und tief in die Stirn gezogen wurde. Auch die Frisuren wurden flotter und geradliniger – der strenge Pagenkopf lief den komplizierten Frisuren der Zeit um 1900 den Rang ab.

»derjenigen eines geübten Künstlers, [denn sie] schätzt die Schönheit einfacher ungebrochener Linien, und die Originalität ihrer Ansichten spiegelt sich in ihrer Wahl von Accessoires und Details wider«.[25]

Vor allem das Hochzeitskleid fing auf besondere Weise die Stimmung der Pariser Mode ein, denn zu Beginn der 30er-Jahre war der Schnitt weitaus wichtiger geworden als schmückender Zierrat. Bei der Wahl des Modeschöpfers hatte es allerdings anfängliche Probleme gegeben. Marina bevorzugte Jean Patou, mit dem sie bereits geschäftliche Interessen verbanden (sie machte für sein Haus Werbung, indem sie seine Kleidung trug, die sie dafür wiederum zu einem günstigeren Preis erhielt). Man hielt es jedoch für passender, dass eine englische Braut für diesen speziellen Anlass von einem englischen Couturier eingekleidet würde, und so trat Molyneux ins Rampenlicht. Sein Entwurf einer langen, weißen und silberfarbenen Robe aus Lyoner Brokat mit einer Applikation aus englischen Rosen sollte eines der am häufigsten kopierten Brautkleider des 20. Jahrhunderts werden. Darüber hinaus war das eng geschnittene Futteralkleid mit hohem Kragen und langen, locker fallenden Ärmeln eine der schlichtesten Hochzeitsroben, die je von einer königlichen Braut getragen wurde. Die obligatorische Schleppe war an den Schultern angesetzt, vier Meter lang und mit Silber-Lamé eingefasst. Marinas Schleier aus Familienspitze war um mehrere Meter Tüll verlängert, sodass er am unteren Ende eine Breite von drei Metern erreichte; am Kopf war er mit einem Diamantdiadem befestigt. Sie trug einen Strauß aus Lilien, Nelken und Orchideen. Die acht Brautjungfern waren ähnlich, aber bescheidener gekleidet, mit Bootausschnitten und ausgestelltem Rock, ihr Haar zierten weiße York-Rosen.

Prinzessin Marinas Hochzeit war für viele Frauen der Inbegriff eines wahr gewordenen Märchens, und wenn sie sich eine derartige Hochzeit auch niemals leisten konnten, so wollten sie sich doch wenigstens eine kleine Nachahmung gönnen. Marina-Diademe mit nach oben gerichteten Spitzen, die wie Sonnenstrahlen aussahen, wurden sehr beliebt und liefen den Blütenkränzen und Orangenblüten den Rang ab. Mögen es bei Marina auch Diamanten gewesen sein, Kunstperlen und Strass waren ein prächtiger Ersatz, wenn die Braut nur über ein geringes Budget verfügte.

Doch nicht alle Frauen folgten der modischen Norm, sondern entschieden sich für die traditionellen Zeremonien, die man über Jahre hinweg bewahrt hatte. Einige andere wiederum wählten einen der Bohème entsprechenden Weg zum Traualtar. Die gefeierte französische Romanautorin Colette heiratete 1935 zum dritten Mal. Ihren ersten Ehemann, Henri Gauthier-Villars, einen bekannten Frauenheld und Schriftsteller, hatte sie 1893 geehelicht. Als junge Braut aus der Provinz hatte Colette damals ein weißes Musselin-Kleid getragen, ein Ansteckbouquet aus roten Nelken und um die Stirn ein weißes Satinband. Ohne Rücksicht auf bürgerliche Konvention hatte Colette noch zweimal geheiratet: 1912 ehelichte die schwangere Colette Baron de Jouvenel (einen politischen Journalisten) – eine schlichte standesamtliche Trauung –, und 1935 heiratete sie den Journalisten Maurice Gondeket. Diese 17-minütige Trauzeremonie fand im Rathaus des achten Arrondissements in Paris statt. Das Jawort gaben sich eine kleine, stämmige Braut von 62 Jahren mit sich kräuselndem, Henna-gefärbtem Haar sowie dick aufgetragenem Kajal und Lippenstift und ein 45-jähriger Bräutigam. Am späteren Nachmittag aßen das Brautpaar und seine Hochzeitsgäste in einem Landgasthof Schweinshaxe und Pfannkuchen. »Der Nachmittag war der Jahreszeit entsprechend warm, doch auf dem Rückweg gab es einen für den Frühling typischen Schneesturm. Colette bat ›ihren

GEGENÜBER (Links) Eine typische Braut der 20er-Jahre mit dem locker gebundenen Gürtel, der längst nicht mehr die schlanke weibliche Taille betonen sollte. (Rechts) Princess Patricia of Connaught trug 1919 ein Brautkleid in venezianischem Stil. Das Kleid war aus weißem Glanzsamt gearbeitet, die Schleppe silberfarben. Der Schleier, ein Familienerbstück, das einst Queen Charlotte getragen hatte, wurde von einem Myrtenkranz gehalten.

alten Freund und neuen Ehemann‹, das Auto anzuhalten, damit sie die Schneeflocken ›hören‹ konnte, die ›wie aufgewirbelte Daunen‹ auf die Erde fielen. Dieses Geräusch – ›das leise Beten einer Menge‹, das ›eifrige Umblättern seidener Buchseiten‹ – war ihr die wertvollste Erinnerung an ihren Hochzeitstag.«[26]

In den 30er-Jahren heirateten die meisten Paare durchaus im Rathaus oder Standesamt. Als 1934 per Gesetz erlaubt wurde, Trauzeremonien bis sechs Uhr abends abzuhalten, wurde es dagegen in eleganten Kreisen Mode, Empfänge in Hotels zu veranstalten – doch waren dafür nur das Ritz und das Dorchester gut genug. Aristokraten der alten Schule begegneten dieser Neuerung mit großer Ablehnung und meinten, dass als geeigneter Ort nur eine traditionelle Dorfkirche in Betracht käme. Eine Hochzeit in der Stadt war ausgeschlossen.

In ihrem Roman *The Pursuit of Love* veranschaulicht Nancy Mitford diesen Konflikt der Generationen auf sehr lebendige Weise: »Tony und seine Eltern wünschten sich eine Hochzeit in London, doch Onkel Matthew sagte, dass er noch nie etwas derart Gewöhnliches und Vulgäres in seinem Leben gehört hätte. Frauen wurden zu Hause verheiratet; Hochzeiten nach der Mode hielt er für den Gipfel der Entwürdigung, und er weigerte sich strikt, eine seiner Töchter durch eine Menge gaffender Fremder zum Altar von St. Margaret's zu geleiten. All diese Argumente beeindruckten Linda jedoch nicht im Geringsten. Seit den Tagen, als sie plante, den Prince of Wales zu heiraten, hatte sie ein inneres Bild vor Augen, wie ihre Hochzeit einmal

LINKS Prinzessin Marina war eine Mode-Ikone der 30er-Jahre und ihr Brautkleid galt als Inbegriff schlichter Eleganz.

GEGENÜBER (Oben) Marina begeisterte sich sehr für die Pariser Haute Couture und besuchte regelmäßig die Modehäuser, insbesondere von Molyneux, der ihr Brautkleid entwarf. (Unten) Regelrecht altmodisch wirkt dagegen Elizabeth Bowes-Lyons mittelalterliches Kleid von 1923.

sein würde – also einer Hochzeit in einem Pantomimenspiel sehr ähnlich –, in einer großen Kirche mit vielen Menschen drinnen wie auch draußen, mit Fotografen, mit Kallablüten, Tüll, Brautjungfern und einem gewaltigen Chor, der ihre Lieblingsmelodie, ›The Lost Chord‹, sang ... und als das Schicksal nun eingriff und die Heizung in der Kirche in Alconleigh versagen ließ, entschied sich Tante Sadie für ein Haus in London und die Hochzeit wurde ordnungsgemäß mit allem Drum und Dran vulgärer Öffentlichkeit in St. Margaret's gefeiert. Während der gesamten Trauzeremonie weinte Onkel Matthew hemmungslos.«[27]

Auch die Medien reagierten auf das allgemeine Interesse an Hochzeiten, und das erste Magazin, das sich ausschließlich dem Thema Braut und Brautmoden widmete, kam 1934 heraus, ein Vierteljahresmagazin mit dem Titel *So You're Going to Be Married.* 1936 wurde es in *The Bride's Magazine* umbenannt, später in *Brides,* und so erscheint es heute noch.

Diese Magazine sparten nicht mit guten Ratschlägen: »Ist Ihr Haar eher fettig, sollte es höchstens zwei Tage vor der Hochzeit gewaschen und frisiert werden, und am Morgen vor der Hochzeit sollten Sie es nochmals frisieren lassen. Wenn Sie so verfahren, wird Ihr Gesicht von weichem, hübschem Haar gerahmt und nicht von einer steif wirkenden Frisur.«[28] Oder es hieß: »Wenn es eine Abneigung der Männer gibt, die zweifellos gerechtfertigt ist, dann diejenige gegen Frauen im Pyjama. Manche Frauen gehen sogar so weit, in den Flitterwochen Pyjamas zu tragen.«[29]

Der Einfluss von Hollywood-Filmen und die vielfach in Magazinen beschriebenen Hochzeiten von Filmstars festigten gegen Ende der 30er-Jahre den Ruf Hollywoods als dem Zentrum des »Glamours« und Modedesigner wie Adrian, Travis Banton und Edith Head beherrschten die Branche.

ROMA

»Glamour« hieß das Schlüsselwort und die Brautmode der Zeit wurde von ebenso dramatischem wie übertriebenem Design bestimmt. Mit diesem Stil kopierte man jedoch nicht die Stars, sondern ihre Filme – insbesondere die Kostümfilme. Eine ganze Reihe »pittoresker« Looks wurde populär – Roben mit vagen Anspielungen auf die Mode des 19. und frühen 20. Jahrhunderts. »Die Schultern wurden breiter und durch geraffte oder hohe enge Kragen sowie durch Hammelkeulen- oder Puffärmel betont.«[30] Die einflussreichste Hochzeit im Hollywood der 30er-Jahre war reine Fiktion, nämlich die Hochzeit von Rhett Butler und Scarlett O'Hara im Spielfilm *Vom Winde verweht,* der 1939 in die Kinos kam. In der Rolle der Scarlett trug Vivien Leigh eine Reihe von Krinolinen aus dem 19. Jahrhundert, die den Stil des späteren New Look bereits vorwegnahmen und die Brautmode der 50er-Jahre nachhaltig beeinflussen sollten.

Bereits gegen Ende der 30er-Jahre lebte der viktorianische Stil in eleganten Hochzeiten wieder auf, Petticoats wurden über der so genannten Käfig-Krinoline mit Stahlreifen getragen. Manche Bräute trugen sogar Roben mit gewaltigen Turnüren von Modeschöpfern wie Balenciaga, Lelong und Heim.

Nicht ganz so wagemutige Bräute und Brautjungfern konnten aus einem reichen Angebot zart gemusterter Teekleider aus geblümtem Chiffon, elfenbeinfarbenen Dirndlkleidern oder den in den späten 30ern sehr verbreiteten Satin- oder Taftkleidern wählen. Die zur Verfügung stehende Farbpalette reichte von blassen Pastellfarben bis

GANZ LINKS **Eine grandiose Satinrobe mit Pelzbesatz, die Prinzessin Marie-José von Belgien 1930 bei ihrer Hochzeit mit Umberto II, dem italienischen König im Exil, trug.** MITTE UND LINKS **Wallis Simpsons bewusst zurückhaltendes blassblaues Kostüm aus Satinkrepp, vom Couturier Mainbocher entworfen, stand in modischem Kontrast zum traditionellen Cutaway, den der Duke of Windsor bei ihrer Hochzeit 1937 trug.**

zu einem tiefen Violettton. Der Pariser Couturier Mainbocher kreierte ein violettes Kleid aus Moiré mit applizierten Veilchen an den Schultern; zum Accessoire gehörten violette Ohrringe und lange violette Handschuhe. Chanel entwarf einen violetten Samthut mit einer kontrastierenden rosa Federdekoration, der zwar nur von wenigen getragen wurde, doch waren Veilchen zu einem beliebten Bestandteil vieler Brautsträuße geworden. Hüte begannen den traditionellen Schleier abzulösen. Auch die Mode für Männer war nun weniger formell. Zu einer Hochzeit im Sommer konnten sie durchaus leichte Anzüge in Grau- und Brauntönen tragen, dazu eine weiße Blume im Knopfloch – ein bedeutender Durchbruch –, und auf den Hut wurde verzichtet. Dieser modische, eher informelle Stil zeigte sich auch bei der Hochzeit des früheren Edward VIII mit Wallis Warfield Simpson.

Cecil Beaton wurde vom Magazin *Vogue* beauftragt, Hochzeitsfotos von dem Paar zu machen, und beschrieb das Ereignis folgendermaßen: »Wallis eilte in Gelb umher, ein wenig geschäftiger als gewöhnlich; in ihrem Gesicht sah man die Anspannung: Sie hatte schon wesentlich besser ausgesehen. Im Gegensatz dazu war der Duke eine geradezu strahlende Erscheinung – sein Haar kräuselte sich golden, sein Gesicht war frisch und braun gebrannt, seine blauen Augen beinah durchscheinend vor freudiger Erwartung. Eine Hochzeit in der Westminster Abbey wäre sein Geburtsrecht gewesen, doch nun strahlte er zufrieden über die improvisierten Hochzeitsvorbereitungen, die man im Musikzimmer getroffen hatte ... Wallis trug nun das Kostüm für die Trauung und so konnten wir die Hochzeitsfotos machen. ›Oh, das ist also das großartige Kleid? Nun, es ist bezaubernd, sehr hübsch‹, sagte der Duke bewundernd.«[31] Wallis, die sich in gewisser Weise zu einem zurückhaltenden Stil gezwungen sah, hatte sich für eine eng geschnittene, langärmelige Robe aus Satinkrepp von Mainbocher entschieden. Den Farbton beschrieb Beaton als »ein hartes Blau«.[32] Vorne verlief eine senkrechte Knopfleiste und Wallis trug einen passenden Hut mit einer Art »Glorienschein« aus blauen Federn und Tüll. Der Bräutigam trug einen schwarzen Cutaway mit einer Nelke im Knopfloch. Am Tag der Hochzeit sorgte der Prominentenfriseur Antoine, der für Wallis Simpsons Frisur, ihr Markenzeichen, verantwortlich war, für einen Hauch von »Glamour«, als er mit seinem Privatflugzeug über die Brautleute flog, um Tausende von weißen Lilien abzuwerfen. Die frühere Chefredakteurin des Magazins *Bride*, Barbara Tober kommentierte: »Die Amerikaner waren hingerissen von dem königlichen Paar und die Nachricht von der königlichen Hochzeit war eine Sensation ... ihr blassblaues, bodenlanges Hochzeitsensemble von Mainbocher mit dem dazu passenden kleinen Hut wurde hundertfach kopiert.«[33]

Ende der 30er-Jahre hatte sich der Brauch, dass die Kleider der Braut und Brautjungfern nur an einem einzigen Tag getragen wurden, weitgehend durchgesetzt. Dokumentiert wurde dies vom Hochzeitsfotografen, der noch in den 20ern meist unerschwinglich teuer gewesen war. Die meisten Paare konnten sich nur einige Standardaufnahmen im Studio leisten. Elizabeth Laverack bemerkt dazu: »Die Hochzeitsfotos aus den 20ern und 30ern scheinen alle vor dem gleichen Hintergrund gemacht worden zu sein.«[34] Doch mit dem Aufkommen billiger Kameras und schneller Filmentwicklung begann sich die Hochzeitsfotografie in den 30er-Jahren zu wandeln. Die Posen verloren etwas von der früheren Strenge und in den 40er-Jahren – als Hochzeiten mitten im Krieg schnell arrangiert werden mussten, weil man die Bräutigame bald in den Kampf schickte – wurde der Schnappschuss eines Amateurs zum bedeutsamen und mitunter ergreifenden Erinnerungsstück an ein glückliches Ereignis.

RECHTS Dieses trägerlose Brautkleid aus weißem Krepp mit Pelzbesatz von Arkadius trägt den beziehungsreichen Titel »Königin von Saba«. Die legendäre Königin aus der arabischen Sagenwelt hat selbst jedoch nie geheiratet, sondern stellte ihr Land über ihre Liebe zu König Salomon und floh während eines prachtvollen Empfangs, worauf dieses Bild einer fliehenden Braut im arabischen Stil anspielt.

RECHTS Vera Wang lässt den glanzvollen Hollywood-Look des Designers Adrian aus den 30er-Jahren in diesen Hochzeitsroben mit Spaghettiträgern und Halterneck auf beeindruckende Weise wieder aufleben. Eine Mode für Superschlanke: Der Diagonalschnitt betont die Figur und der schwere bodenlange Stoff fällt in eleganten Linien.

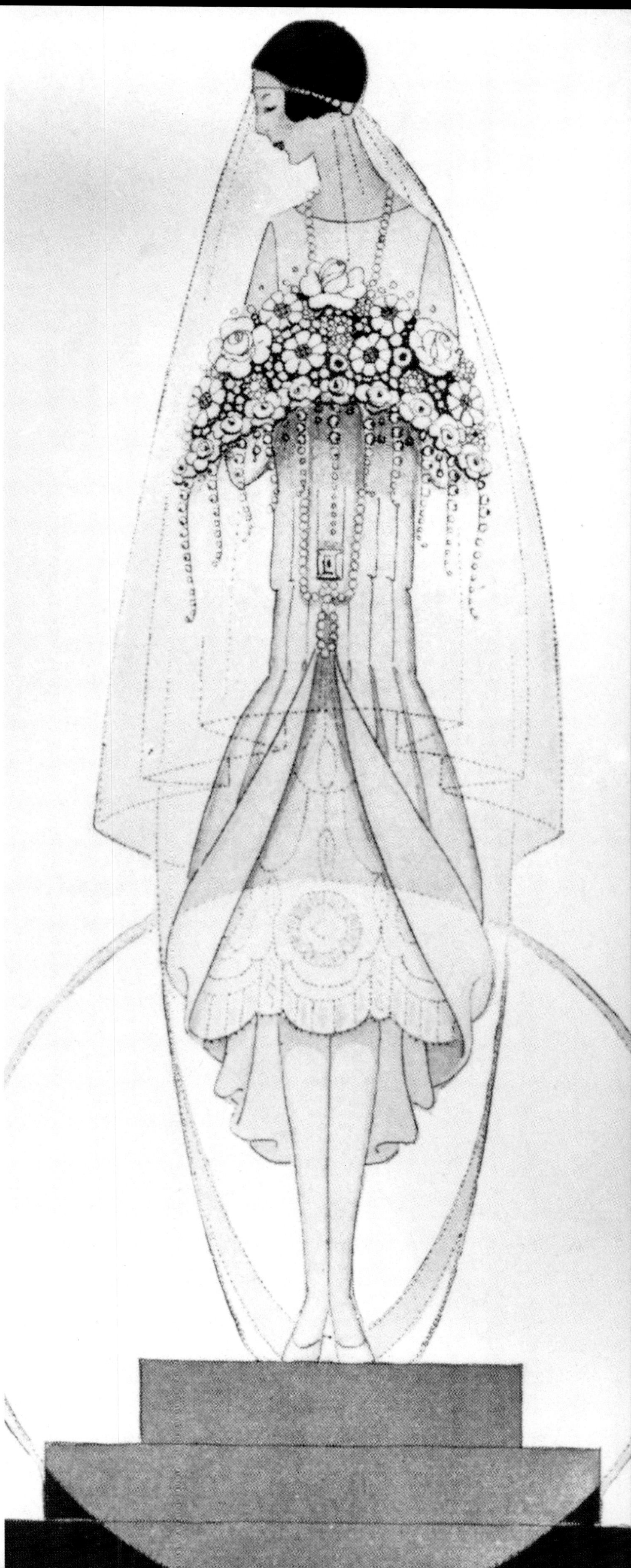

VORHERIGE SEITE (Links) Eine moderne Braut auf dem Laufsteg. Jean-Paul Gaultier demonstriert seinen Sinn für Humor, indem er mit sexuellen Stereotypen spielt: Das weiße Hochzeitskleid ist nicht länger ein Symbol für die jungfräuliche Braut, stattdessen trägt eine stolze Mutter ihr Baby über den Laufsteg. (Rechts) Eine schlichte kurzärmelige Robe von Giorgio Armani in dem für ihn typischen minimalistischen Stil – eine Reaktion auf die übertriebene Aufdringlichkeit vieler Hochzeitskleider. Ein Vergleich mit der Brautmode der 20er-Jahre bietet sich an, als sich viele Frauen vom übermäßigen Zierrat der vorangegangenen Epoche befreiten.

LINKS Mit der Präsentation und dem Stil dieser trägerlosen Abendrobe beschwört Cocoe Voci die Erotik des Hollywoods der 30er herauf.

RECHTS Diese Art-déco-Braut einer Illustration Claire Averys von 1928 für die britische *Vogue* wird zum Symbol des modernen Stils. Alles passt zusammen, vom strengen Pagenkopf bis zu den dezenten Schuhen – Eleganz durch schlichte Stromlinienform.

VORHERIGE SEITE Die atmosphärische Wirkung dieser Robe von Beccaria wird durch Transparenz erreicht. Statt erotischer Präsenz verleiht die androgyne Figur des Models dem Bild eine große Unschuld und spielt ganz deutlich auf den Flapper-Look der 20er an.

LINKS Ein Brautkleid von Jim Hjelm für Visions im Empire-Stil, das die zart-transparenten Vorzüge mehrerer Schichten Organza betont. Hier erwacht der neoklassizistische Stil des späten 18. Jahrhunderts, der wiederum von der klassischen Skulptur abgeleitet wurde, zu neuem Leben.

RECHTS Eine Illustration der Designerin Sharon Cunningham, die mit wenigen Strichen das Wesentliche der perfekten minimalistischen Braut des Jahres 1999 erfasst. »Weniger ist mehr« hieß die Maxime vieler Designer des späten 20. Jahrhunderts.

LINKS Ein Foto Cecil Beatons für die britische *Vogue* von 1935: Die anmutige Braut trägt den für die Zeit typischen, hier gelockten Pagenkopf.

OBEN Die Mode der 70er-Jahre lebte vor allem vom Retro-Look, wie dieses Bild von Fotograf Richard Dunkley einer Braut im Stil der 20er zeigt.

OBEN LINKS Ein modernes Design von Stephane Allin kombiniert ein Oberteil mit Spaghettiträgern mit einem hochgeschlitzten Satinrock und passender Organzastola.

OBEN RECHTS UND GANZ RECHTS Der in den 30er-Jahren von der Modedesignerin Madeleine Vionnet erfundene Diagonalschnitt verleiht dem eleganten Kleid von Caroline Holmes das gewisse Etwas. Eine eng geschnittene Robe mit Bootausschnitt, ebenfalls von Caroline Holmes, verdeutlicht die Entwicklung zur schlichten Form in der modernen Brautmode. Auf unwichtige Details wird verzichtet und dafür der Körper betont.

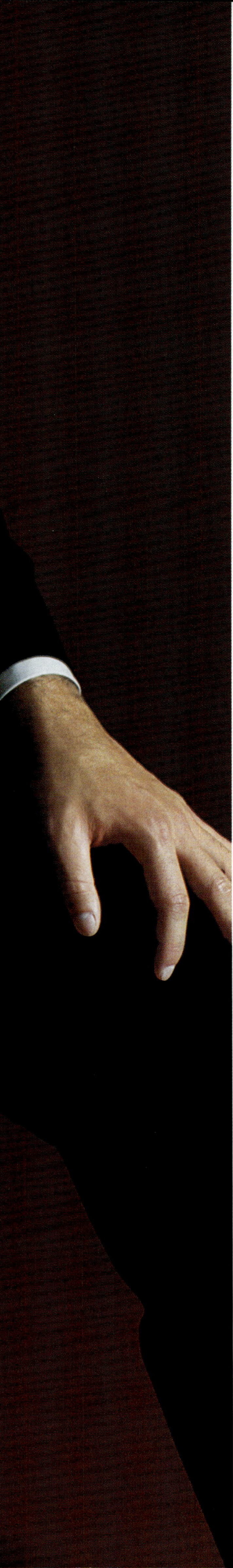

VORHERIGE SEITE Einer modernen Braut kann die Ehe auch das Gefühl der Freiheit – statt, wie in der Vergangenheit, das der Unterdrückung – vermitteln. Auf jeden Fall scheint es in dieser optimistischen Präsentation von Giorgio Armani so zu sein.

LINKS Eine Brautmodendesignerin von internationalem Rang: Vera Wang zeigt uns hier die klassischen Geschlechterrollen in Sachen Mode. Die Braut erscheint ebenso zart wie ihr Spitzenkleid, und der Bräutigam ist solide, würdevoll und anonym – so wie es seiner untergeordneten Bedeutung in der Hochzeitsmode zukommt.

VORHERIGE SEITE (Links) Die einfachen Linien dieses Modells von Ian Stuart bekommen durch den Aufsatz aus feiner Spitze eine außergewöhnliche Textur mit elegantem Wasserfalleffekt an Ärmeln und Rock. (Rechts) Ein Beispiel für die Experimente des japanischen Designers Rei Kawakubo in den 80ern, der den weiblichen Körper hier eher verhüllt, als ihn auf konventionellere Weise zu enthüllen. Giuseppe Bertoluccis Foto erforscht dafür die erotische Ausstrahlung des Rückens und ruft Abendroben der 30er-Jahre in Erinnerung.

LINKS Eine Mischung aus spanischem Flamenco und der eleganten Abendgarderobe der 30er, fotografiert von Giuseppe Bertolucci. Die vergnügte Braut feiert nach dem festlichen Ereignis in einem eng anliegenden Kleid. Das schlichte Oberteil mit Trägern bildet einen interessanten Kontrast zur komplizierteren Form der Schleppe und des mit Volants besetzten Rocks.

VORHERIGE SEITE (Links) Peter Langner eröffnete 1991 sein eigenes Atelier in Rom und kreiert seitdem (und zwar aus den besten Materialien) elegant-schlichte Roben im modernen Retro-Look. Dieses Kleid mit fließenden Linien, Wasserfall-Draperie am Rücken und eleganten Rouleau-Verschlüssen an den Schultern ist ein Beispiel für die klassizistische Formensprache in der Brautmode. (Rechts) Ein wunderbares Modell, das zeigt, wie das Gewicht eines kostbaren Stoffs eine ebenso große visuelle Wirkung erzielen kann wie dekorative Details. Sharon Cunninghams Model wirkt durch den Faltenwurf der Schleppe und die verwendeten Schnitttechniken besonders elegant.

LINKS UND RECHTS Der inzwischen verstorbene Modedesigner Gianni Versace beendet seine Show von 1996 mit dem Model Stella Tennant in einem Brautkleid im Stil der 30er. Als einer der tonangebenden Designer der 90er-Jahre experimentierte Versace mit durchsichtigen Materialien für die Abendgarderobe: Die von Stella Tennant hier getragenen »big knickers« lassen dabei jedoch keinen sittenstrengen Vorwurf zu. Und dennoch: ein subversiver Look für die Braut des späten 20. Jahrhunderts.

VERSACE

»Dein Herz spürt einfach, wenn du den richtigen Mann triffst.
Es gibt keinen Zweifel, Nicky ist der Mann, mit dem ich mein Leben verbringen möchte.«[1]

Elizabeth Taylor bei ihrer Hochzeit mit Conrad Nicholson Hilton (6. Mai 1950)

Kriegsbedingte Beschränkungen und bauschiger New Look

In den 40er-Jahren hatte der Zweite Weltkrieg weitreichenden Einfluss auf die Form der Hochzeiten. Er setzte eine gewaltige Veränderung der Moral in Gang und ließ viele Menschen ihre Haltung gegenüber Liebe, Sex und Ehe überdenken. Die allgemeine Stimmungslage wurde von einer Frau treffend zusammengefasst: »Die gesellschaftlichen Tabus waren keineswegs verworfen worden, doch nahmen sie nicht mehr die erste Stelle ein. Man hatte eine sehr liberale Einstellung zur Sexualität, tolerierte Keuschheit wie Promiskuität, nur Prüderie und Lüsternheit wurden verurteilt.«[2] Kurzfristige Eheschließungen waren an der Tagesordnung, da die Soldaten emotionale Stabilität wollten, ehe sie in den Kampf zogen. Alle wollten ihre vielleicht letzte Chance nutzen, in aller Eile wurden Trauzeremonien arrangiert. Obwohl die Paare sich gerade erst begegnet waren, fühlten sie, dass der Tod des Partners vielleicht unmittelbar bevorstand und sie den Augenblick genießen mussten. Ein amerikanischer Soldat bemerkte dazu: »Nach dem Verständnis der meisten Leute waren wir wohl unmoralisch, aber wir waren jung und wir konnten schon morgen sterben.«[3] Die traditionell lange Zeit des Brautwerbens wurde aufgegeben und in den Wochen nach dem japanischen Angriff auf Pearl Harbour belief sich die Zahl der Eheschließungen in den USA auf 1000 Paare pro Tag – eine landesweite Steigerung um 20 Prozent.

Doch trotz dieser dramatischen Veränderungen »galt eine traditionelle Hochzeitszeremonie mit so vielen Zierborten am Kleid, wie die Bezugsscheine es zuließen, immer noch als unerlässlich für eine feierliche Eheschließung«.[4] Ein Berufssoldat betonte allerdings auch, dass »eilig geschlossene Kriegsehen, kurz vor der Einschiffung der Soldaten und mitunter zwischen zwei sich beinah fremden Menschen, die den Ehestand nur ein paar Tage oder Wochen genießen konnten, bei den Partnern kaum ein gegenseitiges Verantwortungs- oder Pflichtgefühl aufkommen ließen«.[5] In einer zu Kriegszeiten regelmäßig erscheinenden Kolumne mit dem Titel »Marrying in Haste, Accelerated Wedding Plans« [Kurzfristige Eheschließungen, schnelle Hochzeitsplanung] hieß es in der amerikanischen *Vogue:* »Heutzutage hängen die Hochzeiten nicht von der Laune der Braut ab, sondern von den Entscheidungen, die der kommandierende Offizier des Bräutigams trifft. Er bestimmt den Tag – wenn er dem Soldaten ganz unerwartet Heimaturlaub gewährt.«[6]

Nach allgemeiner Auffassung kam die Entwicklung der Mode während der Kriegsjahre 1939–45 zum Stillstand. Ab Juni 1940 war Paris von den Nazis besetzt, was zur Schließung von Ausstellungsräumen einiger wichtiger Modehäuser führte, einschließlich Balenciaga und Molyneux. Doch

LINKS Eine Hochzeit im Kriegsjahr 1941. Braut und Bräutigam durchschreiten ein Spalier aus Schaufeln zur Brandbombenbekämpfung einer Ehrenwache mit Gasmasken und Stahlhelmen.

viele Modeschöpfer fuhren mit ihrer Arbeit fort, allerdings mussten sie auf die wichtigen Käufer aus dem Ausland verzichten, die viel zu ihrem Erfolg vor dem Krieg beigetragen hatten. Die Konzentration auf die Kriegsgeschehnisse in Europa und in den USA führte auch zu Beschränkungen in der Modebranche in Bezug auf Material und Arbeitskräfte. Man führte ein strenges System zur Rationierung von Kleidung ein, die zuallererst praktisch sein sollte. Das Ergebnis war, um die Worte der Historikerin Maureen Turim zu gebrauchen, »ein maßgeschneiderter Look, der mit den Uniformen harmonisierte, die die Frauen in den Industriejobs und beim Militär trugen«.[7]

Kostümhistorikerin Valerie Steele beschreibt die daraus entstandene Silhouette der Frau als »einen kastenartigen Torso mit einem kurzen Rock. Es gab kaum Leder, und so stellten die Menschen Schuhe mit Plateausohlen aus Holz und Kork her. Als privat genutzte Autos verschwanden, fuhren die Frauen mit dem Rad und die Handtaschen wurden immer häufiger durch Schultertaschen ersetzt. Herrenanzüge wurden so umgearbeitet, dass sie den zu Hause gebliebenen Frauen passten ... die meisten Frauen interessierten sich kaum noch für Couture.«[8] Dagegen feierte die selbst geschneiderte Mode Triumphe, und zwar als eine Form des Widerstands und des Ausdrucks weiblicher Erfindungsgabe in Notsituationen. Wenn auch Krieg war, so hieß das noch lange nicht, dass die Frauen schäbig oder zerlumpt herumlaufen mussten. Eine Kriegsbraut formulierte es so: »Man konnte kaum etwas von Wert bekommen. Also gingen wir eigene Wege. Dem Ladenbesitzer an der Ecke schöne Augen gemacht, und man bekam vielleicht einen leeren Mehlsack. Zuckersäcke ließen sich am besten aufdröseln. Da bekam man ganze Berge seidiger, glänzender Fäden, aus denen man herrliche Pullover und Jacken stricken oder häkeln konnte.«[9]

Wegen der kriegsbedingten Beschränkungen waren das gesamte Jahrzehnt hindurch keinerlei edle Stoffe erhältlich. Die Rationierungen machten verschwenderische Hochzeiten in Weiß zu einem Ding der Unmöglichkeit, und so trug man stattdessen nach Maß gearbeitete Kostüme, Tageskleider und Uniformen. Diese Kleidungsstücke waren praktisch, schlicht und frei von jeder überflüssigen Dekoration. Dennoch war der Wunsch nach einer aufwendigen Hochzeit in Weiß bei den Frauen vielleicht nie größer gewesen als jetzt, denn sie hatten genug von all der Pfennigfuchserei und dem ständigen Flicken und Stopfen. Somit steigerte die allgemeine Knappheit der Kriegszeit die Nachfrage nach geliehenen Brautkleidern. Eine weitere Alternative waren Hochzeitskleider aus hoch belastbarer Fallschirmseide, zu denen die Bräute Schleier aus Gardinenstoff trugen – einem Material, das von der Rationierung nicht betroffen war. Die Kleidung für die Flitterwochen nähte man aus Armeedecken.

Hochzeitsexpertin Avril Lansdell bemerkt dazu: »Hochzeitskleider aus den 30er-Jahren wurden an die jüngeren Schwestern ausgeliehen oder ganze Familien legten ihre Kleidermarken für ein neues Kleid zusammen. Die Röcke dieser weißen Hochzeitskleider waren fast immer lang, wenn auch eher eng geschnitten. Der Halsausschnitt war klein und rund, quadratisch oder herzförmig. Die Ärmel waren lang und eng, Kleid und Stoffe eher schlicht. Bei den meist geliehenen Schleiern handelte es sich um lange Exemplare aus den 30er-Jahren.«[10]

In den USA war die Situation nicht ganz so schlimm, da es dort erst viel später zu Rationierungen kam. Trotzdem sahen es viele Bräute als ihre patriotische Pflicht an, auf eine festliche Hochzeit zu verzichten. Eleanor Roosevelt, die Gattin des US-Präsidenten, hatte Mitleid mit den Frauen beim britischen Militär und spendete eine Reihe prächtiger Hochzeitsroben (von ihren Freundinnen aus der Gesellschaft gespendet und »Roosevelt-

RECHTS **Kriegsarbeiter gratulieren dem glücklichen Paar. Der Bräutigam trägt seine Pilotenuniform, die Braut hatte das Glück, ein weißes Brautkleid und einen Strauß Lilien zu bekommen. Viele Bräute in Großbritannien mussten sich mit Alltagskleidung begnügen.**

CUNEO

Kleider« genannt). Die Modeschöpferin Claire McCardell wurde von der amerikanischen *Vogue* gebeten, ein alternatives Hochzeitskleid für den Krieg zu entwerfen, das romantisch und praktisch zugleich war. Sie ersann ein Dirndlkleid aus Wolle mit weicher Schulterpartie, das sich problemlos einpacken ließ und außerdem der Kälte in einer unbeheizten Kirche trotzte. Das Kleid war ein Beispiel für ihr Markenzeichen des unkomplizierten Looks, eine sportliches Gegenprogramm zur steifen Pariser Couture der Nachkriegszeit.

Eine Braut beschrieb ihre Kriegshochzeit von 1944. Sie hatte ihr »Haar mit einem Schnürsenkel hochgebunden. Wir hatten keine Zivilkleidung, darum feierten wir eine Hochzeit in Khaki. Karottengrün und Nelken aus dem Garten nahmen wir als Knopflochsträußchen her.«[11] Sandwichs mit Frühstücksfleisch bildeten das recht karge Mahl des Hochzeitsempfangs. Bei einer anderen Hochzeit »gab es eine lange Besprechung darüber, wie wir unsere Hochzeit organisieren sollten. ›Wir brauchen unbedingt eine Torte‹, sagte der Mann. Und kurz darauf begannen Sachen aus dem Armeelager aufzutauchen, das oben an der Straße lag – Sachen wie Trockenobst und Butter. Und zwei Flieger der Luftwaffe kamen mit einigen Eiern vom Urlaub zurück! Also mit ein bisschen von diesem und von jenem zauberten wir eine große Hochzeitstorte. Ich hatte ein Brautkleid mit Schleier geliehen, und Ruth, die Brautjungfer, trug eine Uniform.«[12]

Manche Ehen begannen gut, doch der Krieg führte zu neuen Schwierigkeiten: »Ich lieh mir ein Brautkleid aus weißem Samt mit langem Schleier und einem Diadem aus künstlichen Orangenblüten. Die Glocken läuteten nicht. Glockenläuten hieß Invasion. Es gab auch kein Konfetti. Der Empfang fand im Eichenzimmer des örtlichen Kinos mit angeschlossenem Restaurant statt. Es gab Schinkensalat, Trifle, Weißwein (nur ein Glas zum Anstoßen) und eine zweistöckige Torte, die mit einem Zuckerguss auf Pappe bedeckt war. Die Pappe wurde entfernt und zum Vorschein kam ein Früchtekuchen, aber auf den Fotos sah die Torte richtig echt aus.«[13] Danach musste der Bräutigam wieder an die Front und als er zurückkehrte, »waren die ersten Wochen schwierig. Er war drei Jahre fort gewesen und jetzt gab es viele Reibereien und Streit.«

Während des Kriegs erschien ein Cutaway fehl am Platze, und so kamen die meisten Männer in ihrer Uniform zur Trauung. Da auch immer mehr Frauen zum Militär gingen, trugen nun oft sogar Braut und Bräutigam eine Uniform. Nachdem es schon schwierig genug war, eine Braut erfolgreich herzurichten, waren Brautjungfern völlig ausgeschlossen. Selbst im Jahr 1947 gab es in Großbritannien noch zahlreiche Beschränkungen, und Firmen wie Moss Brothers', die seit den 1890er-Jahren elegante Herrenbekleidung verliehen hatten, erweiterten ihr Angebot um Brautkleider. Dennoch haftete geliehener Kleidung immer noch ein negativer Ruf an. Der Bühnenautor Noël Coward liefert eine lebendige Beschreibung von der freudigen Erregung, die ein selbst gekaufter Anzug damals auslöste: »Die Tage, an denen man sich ängstlich vor dem Spiegel bei Moss Brothers' gedreht hatte, waren vorbei. Vorbei war das hastige Zupfen an den Achseln, um zu vermeiden, dass die Ärmel die Hände ganz verschluckten. Vorbei das übermäßige Herunterziehen zu klein gewordener Hosen, wobei man sich ständig bewusst gewesen war, dass die geringste Bewegung der Arme den demütigenden großen Abstand zwischen Weste und Hosenschlitz offenbaren würde. All dies gehörte der Vergangenheit an.«[14]

Wenn sich die Männer nicht bei Moss Brothers' einkleideten, trugen sie häufig »Demob-Anzüge« (Jacken und Hosen, die bei der Demobilisierung an die heimkehrenden Truppen verteilt wurden). Die meist schlecht sitzenden Anzüge wurden in den 50ern zu einem Indiz für

LINKS Prinzessin Elizabeths elfenbeinfarbene Hochzeitsrobe (von Norman Hartnell) aus Satin, mit Perlen und Kristallsteinen bestickt und einem herzförmigen Ausschnitt – ein Kleid wie aus dem Märchen trotz Rationierungen und Entbehrungen der Nachkriegszeit.

Mitglieder der Arbeiterschicht oder der Bohème und zum Ziel vieler Scherze. Einen »Demob-Anzug« trug auch der Dichter Ted Hughes bei seiner Hochzeit mit der Dichterkollegin Sylvia Plath, die im »rosa Wollstrickkleid« erschien, das auch einem seiner Gedichte den Namen gab. Sie interessierte sich nicht für Konventionen, ebenso wenig wie für die tristen Gebrauchskleider, die man ihr anbot.

Im Jahr 1945, als man das Ende des Kriegs erklärte, schrieb ein Modejournalist: »Dieses Jahr ist der Anfang einer neuen Ära, und daraus folgt, so wie der Frieden auf den Krieg, dass Männer sich Frauen wünschen, die schön und romantisch aussehen ... Paradiesvögel statt aufgescheuchter brauner Hühner.«[15] Dennoch bestand die dominierende modische Silhouette bis 1947 aus einem kastenförmigen Jackett mit breiten Schultern, einer Bluse und einem gerade geschnittenen, knielangen Rock. Für Veränderungen sorgte dann aber 1947 der New Look, und »die Modemagazine brachten ihm großes Interesse entgegen, denn sie wollten die Nüchternheit der Kriegsjahre unbedingt hinter sich lassen. [Er] zeichnete sich durch eine weiche Schulterpartie aus sowie eine ›Wespentaille‹ und einen weiten Rock. Der Stil für Tageskleider war einfach, und die weiten Röcke erreichte man durch Faltenwurf, für den Abend bestanden sie dagegen aus extravaganten langen Stoffbahnen.«[16] Ganz bewusst hatte sich Paris dem New Look verschrieben und konnte so seine führende Position in der Modewelt zurückerlangen, die es während der deutschen Besatzung verloren hatte. Im September 1947 wurde der versammelten Presse Christian Diors neue *Ligne Corolle* [Glockenblumenlinie] vorgestellt – ein Ereignis von entscheidender Bedeutung in der Geschichte der Mode.

Wahrscheinlich war es der prächtige Glanz von Diors Show, der die Presse und die ausländischen Käufer so kurz nach dem Krieg derart beeindruckte. Doch was auch der Grund gewesen sein mag, die Wirkung dieser Präsentation auf dem Nachkriegslaufsteg war überwältigend: »Die langen weiten Röcke von Diors Kollektion waren so bauschig, dass sie die Wangen der versammelten Gäste streiften, als die Mannequins an ihnen vorbeischwirrten. Das Publikum war schockiert, entzückt und gefesselt. Erfahrene Modejournalisten erinnern sich bis zum heutigen Tag an diese Show als einen der magischsten Momente in ihrem Leben. Vielleicht raubte die große Menge Dior-Parfüm, mit der alle besprüht wurden, die sich ihren Weg in die kleinen Ausstellungsräume mühsam erkämpften, dem Publikum ein wenig die Sinne.«[17]

Aber nicht alle waren ihrer Sinne beraubt und manche sahen im New Look sogar eine rückschrittliche Kleidung für Frauen, beinah eine Rückkehr zur eingeschränkten Bewegungsfreiheit und Verspieltheit der Mode um 1900, insbesondere nach der funktionellen Kleidung der 40er-Jahre. Dior selbst hat deutlich gemacht, dass er mit dem dominierenden Look der vorangegangenen Jahre bewusst brach: »Wir kamen aus einer Zeit des Kriegs, der Uniformen, einer Zeit der Soldatinnen, die wie Boxer gebaut waren. Ich zeichnete die Frauen dagegen wie Blumen, mit weichen Schultern, fließenden Büsten, Taillen, schlank wie Lianen, und Röcken, weit wie Blumenkronen.«[18] Doch solch ein verschwenderischer Einsatz von Material in einer Zeit bitterer Entbehrungen forderte eine kritische Reaktion geradezu heraus. Die britische Journalistin Marjorie Beckett schrieb, dass »diese Mode einer Welt präsentiert wird, die nicht das Material hat, um sie zu kopieren, und deren Frauen für diese Unmengen teuren Stoffs weder das Geld besitzen noch die Zeit und die Kraft, um die Modelle nachzuarbeiten oder zu tragen. Wir sind wieder in jenen Tagen angelangt, als die Mode ein Privileg der gelangweilten, reichen Frau war und nicht zu den alltäglichen Belangen der Schreibkraft, der Verkäuferin oder der Hausfrau

RECHTS Immer wieder berichtete die Presse über die Hochzeit von Prinzessin Elizabeth von Großbritannien und Prinz Philip von Griechenland – ein Hoffnungsschimmer für die Zukunft nach all dem Kriegsleid und eine Renaissance traditioneller Hochzeitsroben.

gehörte.«[19] Hochzeitskleider waren jedoch keine alltägliche Bekleidung, und die geschnürte Taille, das enge Oberteil, die betonten Hüften und der lange bauschige Rock des New Look wurden von der Brautmodenindustrie wie von privaten Schneidern gleichermaßen begeistert aufgenommen.

Zwei bedeutende Hochzeiten, über die in der Presse viel berichtet wurde, sind das beste Beispiel dafür, welchen Einfluss die frühen Nachkriegsjahre auf die Brautmode hatten: die Hochzeit von Prinzessin Elizabeth und Prinz Philip von Griechenland 1947 in Großbritannien sowie die Hochzeit des Filmstars Elizabeth Taylor mit Conrad Hilton 1950 in den USA. Für den besonderen Anlass wurden in England zusätzliche Kleidermarken bewilligt, und so konnte die königliche Elizabeth ein Kleid aus elfenbeinfarbenem Satin tragen, das mit Perlen und Kristallsteinen in einem Motiv aus Rosen, Siebensternen und Orangenblüten bestickt war. Es hatte einen herzförmigen Ausschnitt und eine viereinhalb Meter lange Schleppe, die (so will es der Mythos) aus über 150 Kilometern Faden bestand. Nach den Kriegsentbehrungen sahen die Länder des Commonwealth der Hochzeit mit großer Vorfreude entgegen und aus allen Ecken des Empire wurden Geschenke geschickt: eine Diamantenhalskette aus Indien, ein Biberpelzmantel aus Kanada, und in typisch bodenständig englischer Manier sandte die Stadt Leamington Spa eine Waschmaschine. Ein Kind aus den USA, das fürchtete, die Rationierungen würden das Hochzeitsessen verderben, schickte der Prinzessin einen lebenden Truthahn für die Feier.

Norman Hartnell sollte das Brautkleid entwerfen, und der zum Stillschweigen Verpflichtete verhängte alle Fenster seines Arbeitsraums, damit die Presse nichts ausspionieren konnte. Sein Entwurf basierte auf dem Gemälde »Primavera« von Botticelli, das Hartnell in einer Londoner Kunstgalerie gesehen hatte. Nigel Arch und Joanna Marschner bemerkten dazu: »Diese Figur – mit ihren verschlungenen Girlanden aus Jasmin, Stechwinden, Flieder und rosenähnlichen Blüten war der klassischen Göttin der Blumen, Flora, nachempfunden, und die floralen Attribute waren für ihn [Hartnell] gleichbedeutend mit dem Versprechen des Wachstums und Neubeginns nach all der Trostlosigkeit des Kriegs und der Nachkriegszeit.«[20] Die Rationierungen der Nachkriegszeit brachten die Kreation einer derart luxuriösen Robe jedoch ab und zu zum Stocken. Hartnells Manager flog in die USA, um die 10 000 Perlen für die Dekoration des Kleids zu bekommen, und die Seide wurde diesmal aus China beschafft – statt der gebräuchlicheren Seiden aus Italien oder Japan (gegen die die Alliierten ja Krieg geführt hatten).

Das Kleid galt allgemein als ein Triumph. Arch und Marschner beschreiben es als »ein einteiliges Prinzessinnenkleid mit engem Oberteil und einem im Feston-Stich verzierten Ausschnitt. Das Oberteil bestand vorne aus drei Stücken, mit zusätzlichen Taillen- und Brustabnähern, und hinten aus vier, wobei als Verschluss in der Mitte Knöpfe und Ösen verliefen. Die Aufschläge an den langen, engen Ärmeln waren bestickt. Von der tiefen, stark betonten Taille fiel der im Diagonalschnitt gearbeitete Rock ... der in eine lange runde Schleppe auslief.«[21] Die *Vogue* beschrieb das Kleid als »ein Brautkleid im großen Stil: glänzender elfenbeinfarbener Satin, von der Zartheit und Pracht eines Botticelli, mit Rosen und Orangenblüten aus Perlen und Kristallsteinen«.[22] Mit einem Diamantdiacem, einem Familienerbstück, das Königin Mary beigesteuert hatte (sie hatte es 1893 bei ihrer eigenen Hochzeit getragen), und einem doppelten Tüllschleier schritt Elizabeth auf den Altar von Westminster Abbey zu. Zum Brautzug gehörten zwei Pagen und acht Brautjungfern, die allesamt von Hartnell eingekleidet waren. Und an den Radios verfolgte eine patriotische Öffentlichkeit die Trauzeremonie. Nach königlichen Standards könnte man diese Hochzeit eher bescheiden nennen, doch die geladenen Gäste waren fest entschlos-

LINKS Eine strahlende 19-jährige Elizabeth Taylor heiratet 1950 Nicky Hilton (die erste ihrer vielen Ehen). Das Kleid stammte von Helen Rose, die auf transparentem weißen Chiffon bestand, um das enthüllende Dekolleté zu bedecken.

sen, mit ihrem Reichtum auch gehörig zu protzen. Die Tochter des dänischen Botschafters beschrieb »die bei der Hochzeit getragenen Juwelen [als] überwältigend. Ich starrte atemlos auf die umwerfende Pracht. Sie erinnerte geradezu an Vorkriegszeiten. Alle waren zur Bank gegangen und hatten ihre Juwelen aus den Tresorräumen geholt. Die frühere Duchess of Rutland hatte den ganzen Kopf mit Diamanten umwickelt. Wie sie sagte, handelte es sich um den Gürtel ihrer Großmutter. Eine Frau, die einen Turban aus kirschengroßen Perlen trug, ging an einer anderen Dame vorüber, die am Gewicht ganzer Bündel von Cabochon-Smaragden schwer zu tragen hatte, die wie Weinreben über ihre Schultern fielen. Die Inder trugen Brustharnische aus Rubinen und Diamanten und ihre Arme waren gänzlich mit Saphiren bedeckt.«[23]

Eine weitere »königliche« Elizabeth feierte ebenfalls Hochzeit – doch gehörte sie der Hollywood-Dynastie an. Bei der ersten ihrer zahlreichen Hochzeiten machte Elizabeth Taylor bereits deutlich, dass sie eine Frau mit teurem Geschmack war. Eine prunkvolle Hochzeit war in Hollywood mittlerweile der beste Beweis für Erfolg: Von Hand gedruckte Einladungen für einen erlesenen Kreis von Gästen, Horden von Paparazzi, die sich verzweifelt um einen Schnappschuss vom berühmten Paar bemühten, und vor allem die elegante Hochzeitsrobe gehörten zu einem »richtigen« Leben in Hollywood.

Vor der Church of the Good Shepherd in Beverly Hills hofften 3000 kreischende Fans, einen Blick auf die errötende Braut werfen zu können: die 19-jährige Elizabeth Taylor in einem Kleid des New Look, entworfen von Helen Rose und bezahlt von ihrem Filmstudio Metro-Goldwyn-Mayer. Dem Studio war die Publicity so wichtig, dass Elizabeth Taylors nächster Film, der zufälligerweise *Vater der Braut* (1950) betitelt war, ganz bewusst einen Monat später in die Kinos kommen sollte. Ihr Co-Star Spencer Tracy gehörte natürlich auch zu den 600 Gästen, neben weiterer Prominenz wie Zsa Zsa Gabor (bald ebenfalls eine Hochzeitsbesessene), Fred Astaire, Ginger Rogers, Gene Kelly und Debbie Reynolds. MGM hatte vereinbart, dass die Berichterstattung von der Hochzeit nicht einem einzelnen Magazin überlassen, sondern allen gestattet werden sollte.

Überwältigend war natürlich das Kleid! Über 22 Meter Satin, bestickt mit Glas- und Staubperlen, womit 15 Schneiderinnen von MGM zwei ganze Monate Tag für Tag beschäftigt waren. Dazu trug die Taylor ein passendes Scheitelkäppchen, ebenfalls mit Staubperlen besetzt, mit einem Schleier. Das ganze Ensemble kostete 3500 Dollar. Zwischen dem Star und der Designerin war es bei der Kreation zu Meinungsverschiedenheiten gekommen, da Elizabeth Taylor eine freizügigere Robe wollte, als es die Tradition erlaubte. Helen Rose ließ sich jedoch nicht umstimmen: »›Es handelt sich um eine kirchliche Trauung‹, sagte sie. ›Sie müssen wie eine Dame aussehen.‹ Schließlich wurde ein Kompromiss gefunden. Das Dekolleté reichte bis zum Brustansatz, wurde jedoch von durchsichtigem weißem Chiffon bedeckt.«[24]

Die Prominentenbiografin Kitty Kelley berichtet: »Als die Polizeieskorte erschien, die das Hochzeitsauto mit der Braut zur Kirche begleiten sollte, wartete die Menge aufgeregt auf Elizabeths Erscheinen. Ihre 17 Schrankkoffer, in die ihre Aussteuer gepackt war, hatte man bereits verladen, um sie für die Hochzeitsreise nach Europa auf die Queen Mary zu laden. Ihr persönliches Briefpapier trug bereits ihre neuen Initialen, ebenso wie ihr Gepäck. Ein weißes Satinneglígé für die Hochzeitsnacht – ein Geschenk von MGM und ebenfalls von Helen Rose entworfen – hatte man in eine separate Reisetasche gepackt. Im Absatz einer ihrer weißen Satinschuhe steckte ein Glückspenny und am linken Oberschenkel trug sie ein blaues

RECHTS **Elizabeth Taylor im Brautkleid für ihre Filmhochzeit in *Vater der Braut* (1950). Fiktion und Wirklichkeit vermischten sich, als Helen Rose auch dieses Kleid entwerfen sollte.**

OBEN UND GEGENÜBER In einer prunkvollen Zeremonie wird Farah Diba 1959 Königin Farah Pahlevi, die dritte Frau des Schahs von Persien. Tradition und Haute Couture der 50er wurden für Farah Dibas perlenbesetzte Robe und den bauschigen Schleier vereint.

Strumpfband. Nun griff Elizabeth nach dem alten Spitzentaschentuch ihrer Mutter und ging die Treppe hinunter – wie eine traditionelle Braut mit etwas Altem, etwas Neuem, etwas Geborgtem und etwas Blauem.«[25]

Das große öffentliche Interesse an ihrer Hochzeit und Elizabeth Taylors Film *Vater der Braut* hatten viel zur Beliebtheit des New Look (oder der »Sweetheart Line«, wie er in den USA hieß) beigetragen, der zur idealen Mode für die Braut der 50er wurde. Die Taylor hatte sich vom typischen amerikanischen Teenager in Söckchen und Bluejeans zur »wunderbaren Verkörperung der ehelichen Freuden« gewandelt, um die Worte der Filmexpertin Maureen Turim zu verwenden. »Ihr Vater, Spencer Tracy, sorgt derweil für den satirischen Kommentar zu diesem kostspieligen Ritus. Der Film *Vater der Braut* hat diesen Ritus verspottet, um ihn gleichzeitig wieder zu rechtfertigen, und er schrieb auch den Stil für eine ›angemessene Hochzeit‹ vor.«[26] Turim weist außerdem darauf hin, dass für das Finale des Films *Blondinen bevorzugt* von 1953 die gleiche Art von Hochzeitskleidern verwendet wurde, um »mithilfe der Kostüme zu demonstrieren, dass ein Showgirl durch die Verwandlung zur Ehefrau einen legitimen Status erhält ... enge Röcke weisen Frauen als sexuelle Kriegerinnen und Goldgräberinnen aus, die Brautkleider der ›Sweetheart Line‹ stehen für ihre Legitimation als Ehefrauen.«[27]

Die gesamten 50er-Jahre hindurch dominierte dieser romantische Look die Brautmode. Er setzte sich aus ganz speziellen Elementen zusammen: aus unbequemer körperformender Unterkleidung, die den Brüsten eine spitze Form gab und die Taille so zusammenschnürte, dass sie in das enge Oberteil passte, aus Hüftgürteln, die für einen flachen Bauch sorgten sowie aus extravaganten weiten Röcken, die von Petticoats aus versteifter Organza und Tüll gestützt wurden. Solche Modelle aus Satin, Spitze und Tüll trugen die jungen amerikanischen Frauen auch bei ihrer Einführung in die Gesellschaft, und Baumwollkleider dieser Art wurden in Form der beliebten Hemdblusenkleider auch am Tag getragen.

Die übertriebene Weiblichkeit der »Sweetheart Line« wurde zu einer Zeit populär, als viele Frauen ihre Arbeitserfahrungen aus den Kriegsjahren wieder vergessen und zu ihrem traditionellen Aufgabengebiet im Haus zurückkehren sollten, damit sie sich um die heimkehrenden Soldaten kümmern konnten. Nun, da die Pflichten einer Ehefrau als unantastbar galten, erreichte die traditionelle Hochzeit in Weiß ihren größten Beliebtheitsgrad im 20. Jahrhundert. Diese Wiederbelebung der klassischen Hochzeitsfeier zog sich durch alle Gesellschaftsschichten und basierte auf eindeutiger Trennung der Geschlechterrollen, wobei die Frau zum passiv-dekorativen Objekt wurde und der Mann im nüchternen Anzug zu ihrer respektierten besseren Hälfte. Selbst die schlichte standesamtliche Heirat entwickelte sich zu einer immer protzigeren Angelegenheit, bei der die Bräute ebenfalls weiße Hochzeitskleider trugen.

Doch fühlten sich die Frauen in ihrem wiederhergestellten häuslichen Rahmen eingeschränkt? Einige Frauen sahen die Ideale von Heim und Herd sogar als willkommene Befreiung von der Rolle, die sie im Krieg hatten spielen müssen. Und die Werbung half kräftig mit, den häuslichen Bereich als eine Sphäre des aufregenden wissenschaftlichen Fortschritts neu zu definieren. Die Design-Expertin Penny Sparke bemerkt dazu: »Bewaffnet mit den Fertigkeiten der Haushaltsorganisation, neuen arbeitssparenden Haushaltsgeräten, den neuen Möglichkeiten einer sich entwi-

GEGENÜBERLIEGENDE UND NÄCHSTE SEITE Eine der ersten Nachkriegshochzeiten mit überwältigendem Presserummel: Grace Kelly heiratet 1956 Rainier, den Kronprinzen von Monaco. Die reich verzierte Robe aus schwerer Seidenspitze entwarf Hollywoods Kostümdesignerin Helen Rose. Die schlichte Frisur, der sittsam hohe Kragen und die langen Spitzenärmel gaben dem kühlen blonden Leinwandstar die tugendhafte Ausstrahlung einer zukünftigen Prinzessin.

ckelnden Überfluss- und Konsumgesellschaft, und mit der akademischen Hilfe von Experten auf den Gebieten der Soziologie, Psychologie und Psychoanalyse betrachtete man die Arbeit im Haushalt und das Aufziehen der Kinder nicht länger als stumpfsinnige Plagerei, sondern als eine Mischung aus täglichen Freuden sowie professionellen Aufgaben und Herausforderungen. Die unbefriedigende Arbeit schien für immer verbannt, die Hausfrau konnte sich auf ihre Rolle als Versorgerin, Verschönerin und Konsumentin konzentrieren, eine Rolle, die als Indiz für den grundlegenden Unterschied zwischen Frau und Mann gesehen wurde.«[28]

Wie konnten Frauen dieser schönen Welt der Ehe widerstehen? Nur wenige taten es, und mit der wachsenden Zahl an Hochzeiten wurden in den Kaufhäusern besondere Abteilungen für Brautmode eröffnet, um der großen Nachfrage zu begegnen. Die meisten Städte besaßen ein Spezialgeschäft nur für Brautmoden, in dem romantisch feminine Roben mit Wespentaille, weitem Rock und herzförmigem oder Bootausschnitt verkauft wurden – eben genau das, was der Schriftsteller Colin McInnes 1959 als »Sprödes-Aschenputtel-auf-dem-Ball-Kreationen«[29] bezeichnete.

Inzwischen gaben die Bräute ohne langes Zögern große Summen für Hochzeitsroben aus, die sie bloß ein einziges Mal tragen würden. Nur wenige Stücke wurden danach umgearbeitet, die meisten dagegen zur Erinnerung an einen besonderen Tag aufbewahrt. Benimmbücher gaben Ratschläge für die korrekte Kleidung, und sogar diejenigen, die als fortschrittlich präsentiert wurden, etwa *Lady Behave! A Guide to Modern Manners* (1956) plädierte für ein weißes Brautkleid, denn es »lässt die Frauen viel hübscher aussehen«.[30] Hochzeiten waren auch dadurch zu einem allgemein beliebten Thema geworden, dass darüber jetzt regelmäßig im Radio und dem noch recht jungen Fernsehen berichtet wurde. Von 1945 bis 1950 übertrug der US-Sender ABC täglich die beliebte Show *Bride and Groom,* bei der Paare sich im laufenden Programm das Jawort gaben und dafür Hochzeitsgeschenke und eine teure Hochzeitsreise erhielten.

Eine Hochzeit, die Fantasie und Realität, traditionelle Märchenwelt und moderne Hollywoodromanze durcheinander zu wirbeln schien, war die Heirat des Filmstars Grace Kelly mit Prinz Rainier von Monaco im Jahr 1956. Grace Kelly hatte im Alter von 25 Jahren den Höhepunkt ihrer Filmkarriere erreicht und bereits einige Romanzen hinter sich – mit den Schauspielern Clark Gable, William Holden und Ray Milland wie auch mit dem Modedesigner Oleg Cassini. Rainier war das Oberhaupt des Adelsgeschlechts der Grimaldis, das seit 1297 bestand. Und kurz nachdem Grace Kelly ihn bei einem Fototermin auf den Filmfestspielen in Cannes kennen gelernt hatte, schwärmte sie: »Ich liebe seine Augen, ich könnte stundenlang in seine Augen sehen.« Sie wurde mit einem gewaltigen Diamantring belohnt, den man in ihrem letzten Hollywoodfilm, *High Society* (1956), an ihrer Hand bewundern kann. Ihr relativ verbitterter Ex-Verlobter Oleg Cassini nannte die Verbindung zynisch »eine sehr ›europäische‹ Art von Arrangement, eine Verbindung von Adelstitel und Schönheit, eine standesgemäße Heirat ... Das war sicherlich ein Segen für Monaco, das ja schwere finanzielle Sorgen hatte, ehe Aristoteles Onassis 1953 das Management des Casinos übernahm.«[31]

Helen Rose sollte auch diesmal die Hochzeitsrobe entwerfen, die aus 88 Metern Tüll, 22 Metern Seidentaft und unglaublichen 270 Metern Spitze bestand. Der Schleier bedeckte ein Netz aus Tausenden von Staubperlen mit einem Vogelmotiv aus Spitze. Grace Kellys Sieben-Jahres-Vertrag mit MGM war noch nicht erfüllt, doch man einigte sich darauf, dass ihre Hochzeit gefilmt und im Kino gezeigt werden würde. Ein Journalist schrieb, dass Monaco vor Reportern nur so wimmelte, »die noch aufgeregter gewesen wären, wenn sie gewusst hätten, wie besorgt die Kelly wegen der medizinischen Untersuchung war, die die Grimaldis verlangt hatten, um festzustellen, ob sie Kinder bekommen könnte, denn sie würde

zeigen, dass sie keine Jungfrau mehr war. (Wie sich zeigte, wurde dieser Umstand diskret übergangen.) Unter den Gästen war kein einziger Repräsentant der europäischen Königshäuser, die die Grimaldis für ein recht streitbares unbedeutendes Adelsgeschlecht hielten, aber es erschienen auf der Feier Persönlichkeiten wie Ava Gardner, der Schriftsteller W. Somerset Maugham und Aristoteles Onassis. Rainiers Mutter erschien in Begleitung eines früheren Juwelendiebs, was einige Gäste misstrauisch werden ließ, deren Juwelen während dieser Woche gestohlen wurden.«[32]

Obwohl die meisten Bräute in Hollywood lieber darauf verzichteten, war die Verwendung neuer Stoffe wie Nylon (1938 erfunden) und anderer Kunstfasern, etwa Tricel, Orlon oder Terylene, zu einem echten Trend in den Brautmoden der Nachkriegszeit geworden. Maschinell hergestellte Spitze aus Nylon war ebenso beliebt wie Schleier aus Nylon, der steifer als Seide war und sich geradezu ideal für den gewünschten »Glorienscheineffekt« eignete. Hochzeitsexpertin Pauline Stevenson berichtet: »Eine Braut konnte das gesamte Ensemble für ihre Hochzeit – Kleid, Schleier, Schuhe, Strümpfe und Handschuhe sowie einen Großteil ihrer Aussteuer – aus synthetischem Material bekommen. Ein großer Nachteil war jedoch, dass weiße Synthetics mit der Zeit vergilbten. Die frühe Nylonart war außerdem nicht luftdurchlässig, und so war das Material, obwohl leicht und seidig, bei heißem Wetter sehr unangenehm. Im Winter konnte eine Braut jedoch in einem sehr teuer aussehenden, aber falschen ›Pelzmantel‹ in die Flitterwochen fahren und dazu eine Handtasche aus Kunstleder tragen, die sich von einer echten nicht unterscheiden ließ – und beides zu einem Bruchteil des Preises.«[33] Ein Benimmbuch sah in diesen neuen Entwicklungen einen Einschnitt, der durch alle Schichten ging, und fügte hinzu: »Früher einmal konnte man den sozialen Status einer Braut von der Länge ihrer Schleppe, dem Gewicht ihres Brokats und der Qualität ihrer Brüsseler Spitzen ablesen. Heute ist die Schleppe bereits ein Teil des Kleids, ihr Schleier besteht vermutlich aus Tüll und das Kleid selbst kann aus allem bestehen, das ein wenig elegant aussieht, sogar aus dem früheren Stoff der armen Leute, aus Baumwolle.«[34]

Mitte der 50er-Jahre wurden die Brautkleider kürzer und zum ersten Mal seit den 20er-Jahren auch wieder ärmellos – ein kleiner Vorgeschmack auf die Entwicklungen in den 60ern. Doch im Gegensatz zu den Kleidern der 20er waren diese knielangen Ballerinakleider immer noch sehr weit (dafür sorgten schon die versteiften Petticoats darunter) und spiegelten auch immer noch den Stil des New Look wider. Es entwickelte sich eine schablonenhafte Mode mit identisch aussehenden Bräuten, die überall auf der Welt auf die gleiche Weise vor der Kamera posierten, und daraus entstanden »die langweiligsten Hochzeitsfotos der letzten einhundert Jahre«.[35]

In den 60er-Jahren sollte diese »Fließbandmode« für Hochzeiten durch einen individuelleren Look und entsprechende Zeremonien ersetzt werden. Ende der 50er machte sich bereits eine gewisse Unzufriedenheit bemerkbar. Die utopische Welt der zufriedenen Ehefrau war vielleicht nicht das Einzige, was in die Brüche ging. Sparke schreibt dazu: »Der komplizierte ideologische Unterbau der Idee von weiblicher Häuslichkeit, die die ersten 15 Jahre nach dem Zweiten Weltkrieg beherrscht hatte, begann zu zerbröckeln, als die Frauen nun ihrer tiefen Unzufriedenheit über dieses eingeschränkte Leben Ausdruck verliehen. Im September 1960 erschien im US-Frauenmagazin *Redbook* ein Artikel mit dem Titel ›Why Young Mothers Feel Trapped‹. 50 000 Frauen antworteten darauf.«[36] Das Blatt begann sich zu wenden.

LINKS (Oben) Im Film *High Society* von 1956 heiratet Grace Kelly im blassblauen Kleid des New Look ihren Ex-Gatten Bing Crosby. (Unten) Howard Hawks' Film *Blondinen bevorzugt:* Marilyn Monroe und Jane Russell treten ein in die schöne Welt einer Ehefrau.

OBEN UND RECHTS Eine weitere prestigeträchtige Hochzeit in Adelskreisen war die vom Duke und der Duchess of Kent. Cecil Beatons charmant informelles Foto zeigt Braut und Brautjungfern, die gerade das Kleid zurechtzupfen. Auf dem offiziellen Foto sieht man dagegen die lange Schleppe der ansonsten zurückhaltenden Robe der Duchess.

VORHERIGE SEITE (Links) Vera Wangs strenge Silhouette kombiniert mit Chantilly-Spitze erinnert an Abendkleider der 50er-Jahre mit trägerlosem Oberteil und weitem Rock mit integrierter Schleppe. (Rechts) Ein weiches, elegantes Brautkleid von Debenhams ohne überflüssige Verzierungen, vor den kargen Konturen moderner Architektur fotografiert.

LINKS Thierry Mugler verbindet auf subversive Weise Verführung und Frömmigkeit. Durch den durchsichtigen Tüll sieht man das trägerlose Oberteil im Stil der 50er. Die raffinierten Ärmel betonen die Pose des Models.

OBEN Ein Brautkleid im Stil des New Look: der Ausschnitt im Feston-Stich verziert, dazu ein Pillbox-Hut mit Schleier und eine traditionelle Schleppe.

VORHERIGE SEITE (Links) Ein strenges Design nach dem New Look mit stark hervorgehobenem Schalkragen von Sharon Cunningham. (Rechts) Mit diesem modernen Brautkleid verrät Ian Stuart seine Begeisterung für den Stil der 50er.

LINKS Caroline Holmes kombiniert den Glockenrock mit Schleppe mit einem muschelförmigen Oberteil.

OBEN Das Model Marries im Nerz. Diese Braut der Nachkriegszeit möchte der Welt ihren Reichtum und ihren Status demonstrieren. Ihre Robe aus Satinkrepp und der üppige Tüllschleier sollen vor allem die Wirkung des weißen Nerzes und die Unmenge an Modeschmuck hervorheben. Ein höchst opulenter Look, der die Braut in dieser urbanen Umgebung zu einer surrealen Erscheinung werden lässt.

VORHERIGE SEITE Cocoe Voci kombiniert hier ein trägerloses Oberteil aus gemustertem Brokat mit einem weiten, in Falten gelegten Rock und darüber Organza.

GEGENÜBER UND LINKS Zwei Modelle von Peter Langner mit einem Hauch Haute Couture der 50er. Ungewöhnlich ist die Wahl der Farbe Gelb für die Braut links. Rechts eine klar geschnittene, trägerlose Robe mit verziertem Oberteil und passender Stola. Beide Bräute verzichten auf den traditionellen (eher umständlichen) Schleier zugunsten eines kunstvollen Kopfschmucks.

VORHERIGE SEITE Erinnerungen an Audrey Hepburn werden bei dem Styling dieser Robe von Carolina Herrera wach. Das Halterneck-Kleid mit Stilelementen der 50er öffnet sich hinten für einen Wasserfall in Falten gelegter Organza.

RECHTS Eine Aufnahme des Fotografen Brian Duffy aus dem Jahr 1961 für das Magazin *Brides* zeigt eine dramatische Hochzeitsrobe in der Schnitttechnik des Couturiers Balenciaga. Die Kopfbedeckung mit der einzelnen Rose war in den 50er- und 60er-Jahren eine beliebte Alternative zum bauschigen Schleier.

GEGENÜBER Irresistible (eine britische Firma) hat sich auf Diademe, Kopfbedeckungen und Schleier spezialisiert und verwendet Halbedelsteine, Perlen und Federn für einen unkonventionelleren Brautlook.

BARILLA
centro marca
centro marca
centro marca
P&G.I
P&G
379-91

VORHERIGE SEITE Der viel gerühmte Hochzeitsfotograf Giuseppe Bertolucci liebt schrullig unkonventionelle Schauplätze für seine Brautfotos. Hier posiert eine Braut vor aufgeschichteten Holzpaletten.

OBEN (Links) Ein frisches, junges Design von Caroline Holmes für eine traditionelle Braut. (Rechts) Ein Bild des Fotografen Nick Briggs von 1988 für das Magazin *Brides*. Die wattierten Schultern des Oberteils im Marinelook korrespondieren mit dem weiten Rock.

RECHTS Der französische Couturier Emanuel Ungaro, der bei Balenciaga und Courrèges gelernt hat, ist für sein Farbgespür bekannt. Hier zeigt er eine kühne Farbe: eine Braut auf dem Laufsteg im violetten Petticoat.

VORHERIGE SEITE (Links) Eine schwarze Braut kommt in der Modefotografie des 20. Jahrhunderts kaum vor. In diesem Bild von Henry Clarke von 1958 für *Brides Book* wird die Braut von ihrer schwarzen Begleiterin abgesetzt, die als das fremde Andere dargestellt ist. Diese idealisierte »Weißheit« schließt andere Rassen aus. (Rechts) Anthony Armstrong-Jones spezialisierte sich auf Modefotografie, die wie zufällig wirkte, so als wären sich die Models der Kamera nicht bewusst. Das Ergebnis war ein stilisierter »Realismus«, der einen großen Kontrast zur inszenierten Modefotografie Norman Parkinsons (vgl. Abbildung Seite 166) bildete. Dieses Foto von 1957 entstand für das Magazin *Brides.*

OBEN UND RECHTS Zwei Hochzeitsroben von Sarmis mit vielen Details, um der schlanken Silhouette die Wirkung von schlichtem Luxus zu verleihen.

VORHERIGE SEITE (Links) Visions von Jim Hjelm präsentiert ein prachtvolles Kleid, dessen Oberteil reich mit Perlen verziert ist. Der krinolinenartige Rock besteht aus Tüll. (Rechts) Das Ballerinakleid mit den vielen Tüllschichten war der bevorzugte Stil für Hochzeiten in den 50ern und ist bis heute beliebt.

OBEN Die Hochzeit von Lady Sarah Armstrong-Jones mit Daniel Chatto 1994 war von bemerkenswerter Bescheidenheit (verglichen mit anderen Hochzeiten in Adelskreisen). Die strahlend weißen Kleider der Braut und Brautjungfern hatten vor dem Grau der Straßen jedoch eine beachtliche Wirkung.

RECHTS Diese ungewöhnliche Aufnahme einer Braut im traditionellen »Baiser-Brautkleid« zeigt ihren nackten Bauch, der seit den körperbewussten 90ern in der Damenbekleidung immer wieder gern enthüllt wird.

VORHERIGE SEITE (Links) Norman Parkinsons ikonenhafte Bilder für die britische *Vogue* aus den 50er-Jahren zeigen die perfekt hergerichtete, selbstsichere modische Frau. Hier präsentiert er eine jüngere Braut mit üppigem Tüllschleier und Krinoline. (Rechts) Eine Robe aus dem Jahr 1949 von Christian Dior, zwei Jahre nach der Vorstellung seiner zukunftsweisenden Ligne Corolle, besser bekannt als New Look. Seine romantischen Entwürfe, die auf dem Stil des 19. Jahrhunderts basierten, bildeten einen starken Gegensatz zur bescheidenen Kleidung der Kriegsjahre und sollten die Damenmode für über ein Jahrzehnt beeinflussen.

OBEN UND RECHTS Princess Barbie Bride (oben) und Barbie Dream Wedding (rechts). Barbie im Brautkleid entspricht ganz dem unverwüstlichen Stereotyp der errötenden Braut und weckt bei kleinen Mädchen den festen Glauben daran, einmal selbst im weißen Brautkleid zum Altar zu schreiten.

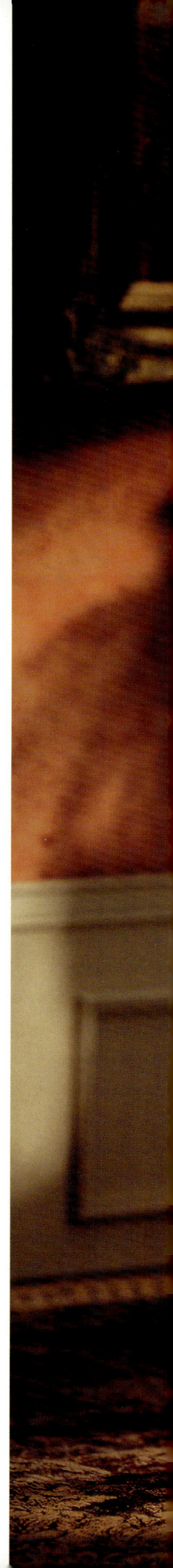

VORHERIGE SEITE (Links und rechts) Jim Hjelm für Visions hat hier eine ebenso elegante wie schlichte Hochzeitsrobe kreiert: Das verstärkte Oberteil wird von schmalen Trägern gehalten und ist dekorativ eingefasst. Der weich strukturierte Rock fällt in edlen Falten.

GEGENÜBER UND RECHTS Die etablierte Brautmodendesignerin Caroline Holmes zeigt zwei Variationen von Brautkleidern im Stil der 50er: einmal mit Halterneck und weitem Rock, das andere Mal kurzärmelig mit ebenfalls weitem Tellerrock und transparentem Einsatz am Oberteil. Die geschmückte Hochfrisur entwickelte sich in den 50ern zu einer beliebten Alternative zum traditionellen Schleier.

OBEN Eine Serie von Hochzeitsfotos von Giuseppe Bertolucci, der das glückliche Paar in einer italienischen Stadt zeigt und mit einem Weichzeichner stimmungsvolle Momente einfängt.

VORHERIGE SEITE (Links) Ein kurzärmeliges, eng geschnittenes Futteralkleid von Caroline Holmes mit einem mit Tüll überzogenen Kuli-Hut. (Rechts) Ein Modell (1960) des französischen Couturiers Christian Dior, der sein Modehaus 1947 eröffnet hatte. Seine stilisierten Entwürfe für Damenmode mit übertriebener Linienführung und geometrischen Formen kommen in dieser Hochzeitsrobe wirkungsvoll zur Geltung.

OBEN UND RECHTS Ein Modell von Beverley Lister aus der Kollektion New Promise von 2001: eine moderne Robe mit femininem verstärkten Oberteil und einem weiten, mit feinen Perlen besetzten Rock.

OBEN UND RECHTS Zwei Entwürfe von Sarmis: Katrina (oben) und Candice (gegenüber) machen deutlich, dass sich Hochzeits- und Abendroben im 21. Jahrhundert kaum noch voneinander trennen lassen. Die moderne Braut lässt die Grenzen immer mehr verschwimmen.

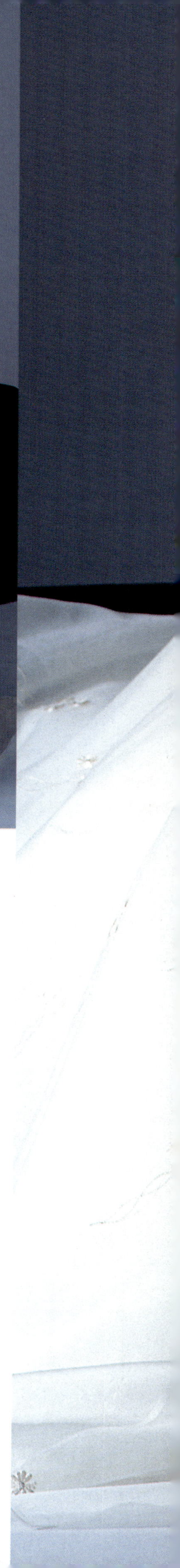

OBEN UND RECHTS Moderne Hochzeitskleider von Alan Hannah mit dem allgegenwärtigen verstärkten Oberteil, einem typischen Detail zeitgenössischer Roben.

NÄCHSTE DOPPELSEITE Hübsche Pastelltöne in Pfirsich und Blau von Jim Hjelm für seine Occasions Kollektion – Alternativen zum traditionelleren weißen oder cremefarbenen Brautkleid.

»Ann«, sagte er, »lass uns – ich meine, möchtest du heiraten?« »Heiraten?«
»Tu nicht so überrascht«, protestierte er. »Wollen Frauen nicht immer heiraten?«
»Ich bin ganz zufrieden damit, mit dir in Sünde zu leben.«[1]

Eine amerikanische Romanze (1961)

»Counterculture-Chic«

Als die britische Prinzessin Margaret 1960 Anthony Armstrong-Jones heiratete, schien ihre eher konservative Robe, ein Modell von Norman Hartnell, mit der jugendlich revolutionären Mode überall um sie herum nicht mehr ganz mithalten zu können. Doch spiegelte das Kleid auch eine neue Schlichtheit in der Brautmode wider. Der Stil der 50er-Jahre, den ihre Schwester (inzwischen Queen Elizabeth) für ihre Hochzeit 1949 gewählt hatte, war durch eine sparsam verhaltene und subtile Form ersetzt worden. Hier wurden gewisse Entwicklungen in der Haute Couture, die sich in einer Übergangsphase befand, aufgegriffen, Pariser wie Londoner Designer befreiten sich vom übertriebenen New Look, der die Modebranche so lange dominiert hatte, und wandten sich einer moderneren Mode zu, die minimalistisch und vor allem jugendlich war.

Im Zuge der Teenager-Mode, eines Trends, der in den 50ern eingesetzt hatte, entstanden neue Stilrichtungen nun eher auf der Straße, als dass Modedesigner oder etwa jene an der Spitze der Gesellschaft sie festlegten. Auch die Pariser Laufstege verloren an Bedeutung und stattdessen wurde die Boutique zum neuen Zentrum der Mode. Diese Entwicklung hatte Mary Quant 1955 mit ihrem Geschäft Bazaar in der Londoner King's Road, das wesentlich zum Mythos von London als dem Epizentrum der so genannten »Swinging Sixties« beitrug, in Gang gesetzt. Sie schrieb darüber Folgendes: »Ich hatte mir immer eine eigene Mode für junge Leute gewünscht. Ich empfand das Äußere der Erwachsenen als sehr unattraktiv, als beunruhigend und erschreckend, künstlich, beschränkt und hässlich. Ich wusste, da wollte ich nicht hineinwachsen.«[2] Stattdessen kreierte sie einfache einfarbige Hängerkleidchen mit leichter Passform, tiefer Taille und kurzem Rock. Die Form dieser Mode war fast kindlich, und besten Ausdruck fand sie im Aussehen und Stil des britischen Models Twiggy. In Paris übersetzten derweil die Designer André Courrèges, Paco Rabanne, Emmanuelle Khan und Pierre Cardin die neuen Stile von der Straße in Haute Couture. Und knochige, langbeinige Models in strahlend weißen Kleidern aus den Stretch-Stoffen und dem Plastik einer neuen Space-Generation zeigten sich auf den Laufstegen. Zum ersten Mal in der Geschichte der Mode wurde der Oberschenkel zum Ziel des erotischen Interesses.

Valerie Steele bemerkt dazu: »Die 60er waren eine Zeit des vollständigen Umbruchs, in politischer und gesellschaftlicher, aber auch in rein modischer Hinsicht. Von China bis zur Tschechoslowakei, von San Francisco bis Soweto hatte dieser Umbruch nicht nur ideologischen Charakter, es ging um den Konflikt der Generationen, um die Sache der Jugend. Und so war die Jugend auch zur neuen Zielgruppe in den Modehauptstädten der Welt geworden.«[3] Anfänglich war die Brautmode davon nicht sonderlich betroffen, abgesehen von der zunehmenden Verfeinerung der traditionellen

LINKS **Bei ihrer Hochzeit mit dem Fotografen Anthony Armstrong-Jones wurde Prinzessin Margaret in ihrem Brautkleid, das vom Lieblingsdesigner der königlichen Familie Norman Hartnell stammte, von Cecil Beaton fotografiert. Die neue Schlichtheit der königlichen Robe sollte die Brautmode beeinflussen.**

Silhouette. Integrierte Schleppen wurden populär und lösten die lange angesetzte Schleppe ab. Und »eine breitere Taille, ob höher oder an der natürlichen Stelle, setzte sich durch. Weite Röcke wurden immer steifer oder waren wattiert. Vorne waren sie relativ flach, breiter wurden sie an den übrigen Seiten durch lockere Falten oder stark gerafftes Zwischenfutter. Die beliebtesten Stoffe dafür waren Taft, Rayon oder Seidensatin, Organza, gepunkteter Musselin, Broderie anglaise, Leinen und Baumwolle.«[4] Die Synthetics, die in der Brautmode der 50er von großer Bedeutung gewesen waren, galten nicht länger als modern, sondern als »gewöhnlich«. Ein eng geschnittenes Oberteil hielt man immer noch für unerlässlich und die ebenfalls engen Ärmel verdeckten einen Teil der Hand – ein Stilelement von Grace Kellys Hochzeitskleid aus den 50ern. Die Schleier waren noch genauso kurz und bauschig wie ein Jahrzehnt zuvor, doch entwickelte sich Anfang der 60er-Jahre auch der Trend, den Schleier mit einer einzelnen Rose auf dem Kopf zu befestigen.

Minikleider dominierten zwar die Mode jener Zeit, doch die Bräute der 60er-Jahre entschieden sich nur selten dafür. War diese sehr kurze Mode doch auch ein Ausdruck sexueller Freizügigkeit und Befreiung und darum eher ungeeignet für eine Zeremonie, die vor allem Jungfräulichkeit, Bescheidenheit und die Unterwerfung der Braut zelebriert. Ein Rock, der die Aufmerksamkeit auf den Schritt lenkte, wie Mary Quant es so treffend formulierte, war nicht ganz der passende Stil. »Die erogene Zone unserer derzeitigen Mode ist der Schritt. Die junge Generation von heute ist sehr ausgeglichen und die Kleider sind so entworfen, dass sie den Blick ganz natürlich auf den Schritt lenken. Die Art und Weise, wie eine junge Frau mit Kleidern umgeht, wie sie sitzt, liegt oder steht, es geht dabei immer nur um das eine. Trotzig steht sie da, die Beine auseinander, und sagt: ›Ich bin sehr sexy, ich genieße Sex, ich will provozieren, aber du wirst dich ziemlich anstrengen müssen, um mich zu bekommen.‹ Moderne Kleider signalisieren, dass die Frauen über ihr Sexualleben selbst bestimmen.«[5] Der Minirock schien einer Welle der Befreiung anzugehören, die kulturelle Veränderungen nach sich zog, wie zum Beispiel die Einführung der Pille (obwohl sie anfänglich nur verheiratete Frauen erhielten), neue Rechte für Homosexuelle und eine weniger strenge Zensur.

Prinzessin Margarets Kleid konnte mit dem Look von der Straße vielleicht nicht ganz mithalten, doch als im Schaufenster der New Yorker Einzelhändler Abraham und Strauss nur wenige Stunden nach der Hochzeit eine genaue Kopie gezeigt wurde, wimmelte das Geschäft vor zukünftigen Bräuten, die genau diesen königlichen Look haben wollten. Der einfache V-Ausschnitt des engen Oberteils und der weite Rock aus zwölf Stoffbahnen ließen einen eher klassischen Stil wieder aufleben statt des bauschigen Looks des vergangenen Jahrzehnts. Die beinah architektonische Linie der Brautkleider bis etwa 1965 wurde durch eng anliegende Formen und die Verwendung schwerer, luxuriöser Stoffe wie Ottoman, Satin und grob gesponnene Seide erreicht. Fernsehhochzeiten in Seifenopern waren eine weitere geschickte Reklame für die traditionelle weiße Hochzeitsrobe. In der beliebten amerikanischen Serie *Peyton Place* wurde 1965 die Hochzeit zweier Serienfiguren inszeniert. Die Braut trug ein Satinkleid mit dreiviertellangen Ärmeln und einen winzigen Hut mit dem unverzichtbaren bauschigen Schleier. Die einzig subversive Behandlung des Themas war in einer Folge der *Addams Family* von 1965 zu sehen, als Gomez im Frack seiner Liebsten den Laufpass gab. Ihr konventionelles wei-

RECHTS 1993 heiratete Serena Stanhope den Viscount Linley in einem Kleid, das dem seiner Mutter, Prinzessin Margaret, von 1960 nachempfunden war. Obwohl der Konvention in vieler Hinsicht Rechnung getragen wurde, waren beide Kleider ungewöhnlich schmucklos und von schlichten Linien bestimmt.

R
V

ßes Hochzeitskleid im Empirestil und die passenden weißen Gänseblümchen im Haar ließ er für Morticias eng anliegendes, schwarzes Kleid links liegen. Gomez gab zu, dass es das Kleid war, das ihm den Kopf verdreht hatte. Und 1967 drehte sich eine Episode von *Petticoat Junction* mit dem Titel »Mit diesem Kleid nehme ich dich zur Frau« um den Wunsch einer jungen Braut, statt des Brautkleids der Mutter lieber ein Minikleid und Go-Go-Stiefel zu tragen. Doch das Erbstück setzte sich durch und die Tradition behielt die Oberhand – und so ähnlich blieb es auch im wirklichen Leben.

Die Männer waren ebenfalls Konformisten, und der feine Unterschied zwischen einem maßgeschneiderten Anzug und einem Modell von der Stange war immer noch eine wichtige Aussage, die viele Familien mit Stolz machen wollten. Gut gearbeitete Straßenanzüge (Sakko mit passender Hose) waren für Hochzeiten aber längst akzeptiert und zählten inzwischen sogar zur eleganten Mode. Allgemeine Veränderungen in der Mode beeinflussten auch die Form des Anzugs, die sich auf verschiedene Arten vom Stil des Teddyboys zur modernen italienischen Form mit eng geschnittenem Sakko entwickelte und stets mit Krawatte getragen wurde. Eine kleine Veränderung erfuhr auch der Cutaway, denn nun war Grau statt Schwarz die bevorzugte Farbe für Hüte, Hosen und Jacken.

Für all jene Bräute, die zum zweiten, dritten oder, wie in Elizabeth Taylors Fall, zum fünften Mal heirateten, war Weiß natürlich tabu. Bei ihrer Hochzeit mit Richard Burton am 15. März 1964 in Montreal trug die Taylor eine gelbe Chiffonrobe mit tiefem Dekolleté. Es war dem Kostüm ihrer ersten Szene mit Richard Burton im berüchtigten Film *Cleopatra* nachempfunden und brachte vor allem ihr Diamantkollier, das sie von ihrem Bräutigam erhalten hatte, zur Geltung. Ihr Haar war zu einer extravaganten Frisur aufgetürmt – mit Hilfe falscher italienischer Haarteile von 85 Zentimetern Länge (und einem Wert von 600 Dollar), die mit weißen römischen Hyazinthen verwoben waren und wie alles andere auf den Ort anspielten, wo sie sich zum ersten Mal begegnet waren. Richard Burton trug einen schlichten schwarzen Anzug mit weißem Hemd und Krawatte. Ein Autor beschrieb das Spektakel: »Innerhalb von etwas mehr als zwölf Jahren schritt sie nun zum fünften Mal zum Traualtar. Oscar Levant, ein treuer Freund während all ihrer Ehen, meinte: ›Immer eine Braut, nie eine Jungfer‹, und taufte Elizabeth ›die etwas andere Frau des Jahres‹. Richard begann bereits um zehn Uhr morgens zu trinken und stand recht unsicher auf seinen Beinen, als die standesamtliche Trauung in der mexikanischen Botschaft beginnen sollte. Elizabeth ließ sie alle warten und Richard murmelte: ›Sie wird auch zum verdammten Jüngsten Gericht zu spät kommen.‹ Als sie endlich erschien, sah sie ihn an und sagte: ›Ich weiß nicht, warum er so nervös ist. Wir schlafen schon seit zwei Jahren miteinander.‹«[6]

War Elizabeth Taylor mit der Hochzeitsetikette auch wenig vertraut, so gab es doch zahllose Werke darüber. Guten Rat konnte man sich aus Handbüchern von Autorinnen wie Emily Post holen, die etwa Folgendes vorschlug: »Wenn ein verlobtes Paar ohne Begleitung über Nacht mit einem öffentlichen Verkehrsmittel verreist, sollte es in angrenzenden Räumlichkeiten untergebracht sein, und am Bestimmungsort ist die Anwesenheit einer Begleitperson wünschenswert ... ein verlobtes Paar, das mit dem Automobil unterwegs ist, sollte aus Gründen des Anstands nicht in einem Hotel übernachten, weder allein noch in Begleitung von nur einem unverheirateten Freund desselben Alters.«[7]

Ein derartiger Ratschlag schien Ende der 60er- und Anfang der 70er-Jahre alles andere als zeitgemäß. Längst stellte man die Institution der Ehe infrage und die Brautmode nahm immer bizarrere Formen an. Die Hippie-Bewegung forderte eine alternative Gesellschaft, die auf einer alternativen Moral beruhte. Und auf die neuen Lebensformen folgte ein neuer provozierender Look für Männer und Frauen, der die Vorstellung vom

Geschlechterunterschied in der Kleidung zum Wanken brachte. Männer wie Frauen trugen Jeans, T-Shirts und langes Haar, und dazu pochte man auf die Unabhängigkeit von den Beschränkungen der »spießigen« Gesellschaft. Unisex-Stile dominierten die Mode von der »Straße«. Eine Generation, der der Vietnamkrieg die Illusionen geraubt hatte und die in Drogen den Weg zur Erleuchtung sah, förderte ein neues Verständnis von Schönheit. In der amerikanischen *Vogue* von 1968 verkündete der Rockkritiker Richard Goldstein: »Nun ist die Schönheit befreit. Frei von allen Problemen der Form und Funktion, nicht länger eingeschränkt von Tradition oder Design. Als verrückte Göttin herrscht sie nun über ihr ... Reich. So hoch wie ein Drachen in der Luft, so rein wie der Mond. Fantastisch, mächtig und verrückt. ... Exhibitionismus ist die friedliche Seite der Gewalt: Er will provozieren ... Kein Wunder, dass er die Mode der 60er dominiert ... Die gleiche Rebellion, die für den Terror unserer Zeit sorgt, inspiriert auch zu den größten Errungenschaften. Der Stil der 60er heißt kreative Anarchie.«[8] Eine androgyne Haarmode begann das Erscheinungsbild westlicher Kulturen zu prägen. Es gab keine Regeln mehr, die besagten, wer langes Haar tragen durfte, jedenfalls war es ebenso revolutionär wie die Redefreiheit – Vietnamdemonstranten trugen langes Haar und auch die Befürworter der Drogenkultur.

Samt, Spitze und Batikstoffe waren ebenso beliebt wie Ethno-Looks, die eine stillschweigende Solidarität mit all jenen zeigten, die von der weißen Gesellschaft kolonisiert worden waren. Indianische Perlenstickerei aus Nordamerika und afrikanische Stoffe sind hier vor allem zu nennen. Ein Autor beschreibt »Flötenspieler in langen Gewändern. Mädchen in sehr kurzem Mini und Boots die sich ganz offensichtlich einer gewissen sexuellen Anziehungskraft bewusst waren ... absichtlich schmutzige Teenager und unterernährte Jugendliche, die aus Familien der gehobenen Mittelschicht stammen. Einige scheinen es ihren Eltern dadurch zeigen zu wollen, dass sie hungern und betteln. In derselben Szene gibt es aber auch ältere, klügere ›Köpfe‹ ... Philosophen dieser Bewegung. Diese bärtigen Figuren (manche sind Ende dreißig oder vierzig) lächeln vor sich hin, während sie die Straße entlanggehen, viele tragen wehende Gewänder und diese ›angesagten‹ Kreuze um ihren Hals.«[9]

Obwohl die Hippies Mode ablehnten, um sich stattdessen einem recht nebulösen Konzept des persönlichen Ausdrucks zu verschreiben, breiteten sich doch bestimmte Stilelemente einer Gegenkultur aus. Umhänge, Afghanenmäntel, Oberteile aus Gaze sowie natürlich Secondhandkleider wurden von den Hippies mit Stolz getragen. Die etwas mutigeren Bräute der Zeit, die die kulturellen Veränderungen zum Ausdruck bringen wollten, obwohl sie etwas so Konventionelles taten wie heiraten, trugen Minikleider, Hotpants und Stiefel bis zu den Knien. Auch Paare, die auf die Hochzeitszeremonie nicht ganz verzichten wollten, ließen sich vom Stil und der Philosophie der Hippiebewegung beeinflussen. Und so konnte man bei standesamtlichen Trauungen sogar Jeans sehen – die »authentischste« Form der Hippiekleidung. Indische Stoffe wurden allgemein akzeptiert, insbesondere für die Kleider von Brautjungfern, und auch alte Kleider, meist aus der Zeit um 1900 oder aus den 20ern, erfreuten sich großer Beliebtheit. Um 1966 »setzte eine romantischere, nostalgische Stimmung in der Brautmode ein. Für Schleier und Kopfbedeckungen wurde wieder Spitze verwendet und schließlich auch für das Kleid. Spitzen mit Blumenmotiven, dem Symbol der Dekade, waren am beliebtesten, ob in Chiffon eingearbeitet oder gehäkelt. Kindliche Kleider bildeten einen wichtigen Teil dieser nostalgischen Mode: Die sehr jugendlichen Oberteile wurden mit Sicherheitsnadeln oder Knöpfen fixiert und hatten Bubikragen sowie lange Ärmel mit Manschetten.«[10] Ein nostalgischer, der Kunst der Präraffaeliten nachempfundener Look kam immer mehr in Mode, brachte er doch die wehmütig-romantische, beinah träge Hippie-Ästhetik besonders gut zum

Ausdruck. Die deutlichste Ausprägung fand er in den Löckchenfrisuren, die viele Bräute damals trugen. Ja sogar die Designer der Haute Couture kreierten unkonventionelle Brautmode. Im Jahr 1967 präsentierte Yves Saint-Laurent ein provokatives Hochzeitsensemble, bestehend aus einem mit Blumen besetzten Bikini, einem Brautstrauß und Sandalen.

Ganz im Einklang mit dieser neuen »Counterculture« stand die Hochzeit von John Lennon und der Performance-Künstlerin Yoko Ono, die sich 1966 kennen gelernt hatten, nachdem Yokos Arbeit in der Londoner Indica Galerie Lennon zutiefst beeindruckt hatte. Im Jahr 1969 heiratete das Paar auf dem Felsen von Gibraltar. Die 36-jährige Yoko Ono trug ein weißes Minikleid und einen weißen Schlapphut, dazu weiße Kniestrümpfe und Turnschuhe, der 28-jährige Lennon erschien im weißen Sakko mit Rollkragenpullover und beigefarbenen Chinos. Ebenso wie Yoko gab er seinem Outfit durch passende weiße Turnschuhe eine lässige Note. Auf die Trauung ließen die frisch Vermählten ein globales Medienereignis folgen: Sie reisten nach Amsterdam, bezogen die Präsidentensuite im Hilton und inszenierten ein zweiwöchiges »Bed-in«, wobei sie sich im Bett interviewen ließen, um zum Weltfrieden aufzurufen. All dies wurde im passend betitelten »Wedding-Album« (1969) zelebriert. Die Kassette mit dem Album enthielt außerdem ein Foto von einem Stück Hochzeitstorte und eine Kopie der Heiratsurkunde. Außerdem hielt Lennon die Hochzeit in einer Reihe von Zeichnungen mit dem Titel »Bag One Portfolio« fest, die ein Hochzeitsgeschenk für Yoko waren. Vielleicht war es das Beispiel von John Lennon und Yoko Ono, das ein Paar in San Francisco 1969 dazu anregte, sich den Hippie-Ethos wirklich zu Herzen zu nehmen und Einladungen zu ihrer Hochzeit an fremde Menschen auf der Straße zu verteilen. Zu der Hochzeitsfeier, die im Golden Gate Park stattfand, erschienen 300 Menschen, und 200 davon waren Braut und Bräutigam völlig unbekannt!

Selbst in der relativ strengen Welt der französischen Couture stellte man recht ungewöhnliche Ensembles für die moderne Braut vor. Eine Auswahl modischer Kopfbedeckungen begann den bauschigen Schleier abzulösen. So gab es zum Beispiel bizarre kleine Häubchen, die den sehr experimentellen »Space-Age-Kollektionen« des französischen Designers André Courrèges nachempfunden waren. Ungewöhnlich waren auch die helmartigen Hüte von Pierre Cardin, der sich lieber intergalaktischen Themen als der Straßenmode widmete. Kleine Hüte und Häubchen wurden übrigens die gesamten 60er-Jahre hindurch von modischen Bräuten bevorzugt, so auch von der englischen Sängerin Cilla Black, die bei der Hochzeit mit ihrem Manager Häubchen und Minirock kombinierte. Und 1968 bei der Fernsehhochzeit von Agent 99 und Maxwell Smart in der Agentenfilmparodie *Get Smart,* trug Agent 99 ein Häubchen, das vollständig mit künstlichen Blumen besetzt war.

Ein weiteres Beispiel für den Baby-Look der Zeit war auch Mia Farrows Haarschnitt von Vidal Sassoon bei ihrer Hochzeit mit Frank Sinatra 1966. Diese Verbindung von »Hipster« und Hippie wurde in der Kleidung, die die beiden für die Trauung gewählt hatten, nur zu deutlich: Sinatra trug einen schicken Anzug mit elegantem Filzhut, ganz so wie man es von seinem »Rat Pack« gewohnt war, und die Braut erschien in einem schlichten, schulmädchenhaften Kostüm, wodurch der Altersunterschied von 30 Jahren noch offensichtlicher wurde. Brautkleider mit gesmoktem Oberteil waren eine weitere Form des kindlichen Trends: Auf der einen Seite gab es jene Kindergartenmode, doch auf der anderen entwickelte sich auch eine

LINKS Bei ihrer Hochzeit mit Senator John F. Kennedy 1953 trug Jacqueline Bouvier ein Kleid (von Ann Lowe) aus elfenbeinfarbenem Seidentaft mit ineinander verwobenen Spitzenbändern für das Oberteil und kreisförmigem Design rund um den weiten Rock. Der Brautstrauß: hellrosa und weiße Orchideen.

der Umstandsmode ähnelnde Kleidung – für den Designexperten Nigel Whiteley »eine Mode der unechten Schwangerschaft ... eine die Schwangerschaft betonende Unterscheidung der Geschlechter«. Dieses Wiederaufleben der rollenspezifischen Kleidung wurde als Sehnsucht nach Sicherheit verstanden. Gesmokte Stoffe trugen das Dekor viktorianischer Kinderzimmer, von denen es in einem Kommentar hieß, sie hätten »den üblen Beigeschmack der Nostalgie«.[11] Warum gerade ein Stil mit Anspielungen auf die Kindheit, aber ebenso auf Schwangerschaft (und damit auf Fruchtbarkeit) die Brautmode beeinflusste, ist nur zu offensichtlich, denn die Rolle der Frau war im Begriff, sich zu verändern. Sollte sie Geliebte oder Mutter sein, unschuldig oder voll sexueller Begierde?

Eine Hochzeit, bei der all diese inneren Spannungen sichtbar wurden, war jene von Elvis Presley und der 21-jährigen Priscilla Ann Beaulieu 1967 im Aladdin Hotel in Las Vegas. Priscillas kindliche Figur in einem bauschig gesmokten, weißen Chiffonkleid, dazu ihr üppig auftoupiertes schwarzes Haar und das elfenhafte, übermäßig stark geschminkte Gesicht erinnerten eher an ein kleines Mädchen, das den Kleiderschrank der Mutter geplündert hatte, als an eine Braut. In ähnlicher Weise wurde das bescheidene Kopftuch aus dem häuslichen Bereich herausgepickt und tauchte in unterschiedlichen Materialien auf verschiedenen Hochzeiten auf, wo es einen eigenartigen Kontrast zum weißen Brautkleid bildete. Für diesen Trend war Yves Saint-Laurent verantwortlich, der das Kopftuch in seinen Kollektionen der 60er-Jahre eingesetzt hatte. In gewisser Weise war es zu seinem Markenzeichen geworden. Meist bestand dieses Kopftuch für die Braut aus weißer Baumwolle und die *Vogue* präsentierte sogar eine Version »mit dicken Rüschen mit Lochstickerei, unter dem Kinn zu einer puritanischen Satinschleife gebunden«[12] – und das bereits 1964.

Die beiden Hochzeiten von Audrey Hepburn zeigen die Veränderungen von der orthodoxen zur experimentellen Mode, zu denen es in der Pariser Hochzeits-Couture der späten 60er-Jahre gekommen war. Darüber hinaus veranschaulichen sie, dass man bei der zweiten Hochzeit durchaus in einem gewagteren Outfit erscheinen konnte. Am 24. September 1954 hatte Audrey Hepburn den Schauspieler Mel Ferrer im Haus des Bürgermeisters von Buochs am Vierwaldstätter See in der Schweiz standesamtlich geheiratet. Bei der kirchlichen Trauung am nächsten Tag in einer protestantischen Kirche trug sie eine weiße Robe aus Organdy vom französischen Designer Pierre Balmain, dazu eine kleine Krone aus weißen Rosen und weiße Handschuhe. Für ihre zweite Hochzeit im Jahr 1969 mit Dr. Andrea Dotti wählte sie ein rosa Jerseykleid mit passendem Kopftuch von ihrem Lieblingsdesigner Givenchy.

Obwohl viele, die mit der Untergrundszene zu tun hatten, glaubten, dass Liebe und Ehe unabhängig voneinander existieren konnten, stellt sich dennoch die Frage, wie viel sich in den 60er-Jahren tatsächlich änderte. 1970 räumte Richard Neville ein, dass »die geringfügige Zunahme der Promiskuität in unserer Gesellschaft, die verschiedene Meinungsforscher festgestellt haben, nicht die Grundlage des christlichen Denkens und Handelns zerstören wird. Schon eine kurze Untersuchung der Lage zeigte mir, dass ein unverheiratetes Paar (ohne lügen zu müssen) noch immer kein Doppelzimmer bei Claridge's buchen, kein Chalet in einem Ferienlager von Butlin bekommen, nicht einfach nach Kanada ziehen und auch kein Kajütenbett für zwei Personen buchen kann (›die Regierung könnte uns wegen Sittenwidrigkeit drankriegen‹, sagte der Schalterbeamte verlegen, als er dies erklären sollte).«[13] Ein unüberhörbarer Protest sollte jedoch noch kommen. 1971 veröffentlichte Germaine Greer ihr zukunftsweisendes feministisches Traktat *The Female Eunuch*. In dieser polemischen Schrift gegen das Patriarchat und den Kapitalismus griff sie die Hochzeit in Weiß an: »Die Hochzeit ist die wichtigste Zeremonie der Mythologie der Mittelschicht, sie ist die offizielle Eintrittskarte der Partner in die Mittelschicht. Denn

das ist die wahre Bedeutung von ›für die Hochzeit sparen‹. Das junge Paar bemüht sich, das Bild von einem angenehmen Leben zu erschaffen ... Das eigentliche Muster wird schon dadurch festgelegt, dass die Braut dieses Konsumspektakel initiiert und kontrolliert. Auf die gleiche Weise sorgen das Brautkleid, der Schmuck und die Kleidung der weiblichen Gäste für den modischen Schick des gesamten Clans, und die Freundin der Braut bewertet deren Erfolg im Hochzeitsspiel anhand der Größe des Steins, den diese bei Bekanntgabe der Verlobung stolz präsentiert.«[14] In den USA löste die Feministin Shulamith Firestone eine ähnliche Debatte aus, die in vielen Colleges weitergeführt wurde.

OBEN 1997 spendeten Caroline und John Kennedy das Brautkleid ihrer Mutter Jacqueline Bouvier Kennedy der John F. Kennedy Library in Boston. Hier stehen Caroline Kennedy Schlossberg und ihr Onkel Senator Edward Kennedy bei dem Ausstellungsstück.

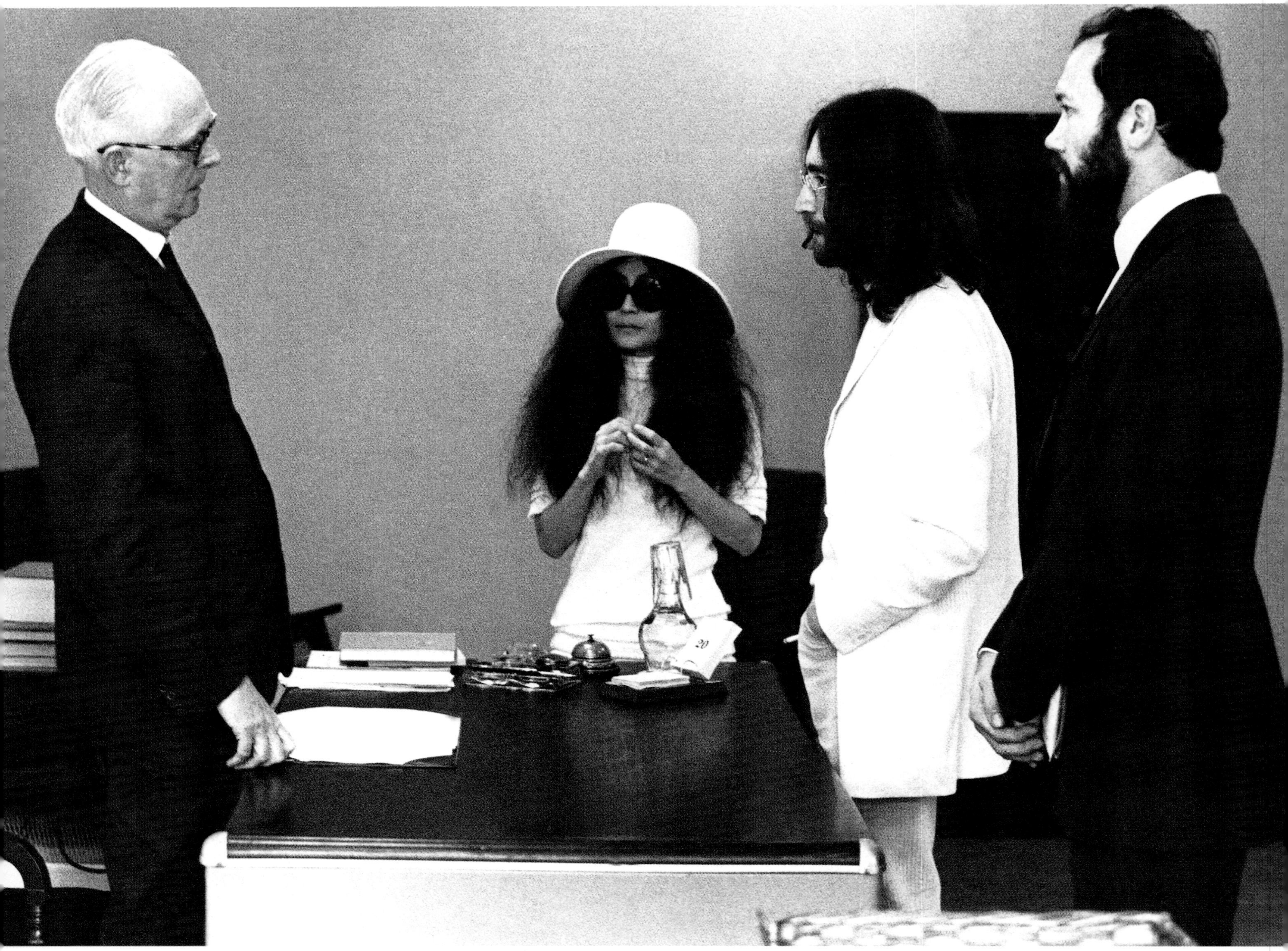

GEGENÜBER UND OBEN 1969 heiratete der Beatle John Lennon die japanische Künstlerin Yoko Ono. Die standesamtliche Trauung in Gibraltar dauerte drei Minuten, Trauzeugen waren der persönliche Assistent der Beatles Peter Brown und der Fotograf David Nutter. Braut und Bräutigam trugen den neuesten Hippie-Chic.

Nach Meinung der Feministinnen wurden Frauen nach den Regeln des Patriarchats, also einer männlich dominierten Gesellschaft, mithilfe verschiedener Strategien sozialisiert: Mode, Make-up, Haushalt und natürlich die Rituale der Hochzeit in Weiß. Aus diesem Grund lehnten sie die Beschränkungen einer Ehe ab, die eine Form weiblicher Zwangsarbeit und die Nötigung durch die Macht des Patriarchats darstellten. Doch inwieweit beeinflusste dies die Brautmode? Am deutlichsten zeigten sich die Veränderungen vielleicht darin, dass nun auch Hosen akzeptiert wurden. Zum ersten Mal in der Geschichte der Mode wurde dieser ultimative Ausdruck männlicher Macht zum Kleidungsstück für Bräute und weibliche Hochzeitsgäste. Unterstützung kam von der französischen Couture, in der nun auch Hosen auftauchten. Für diese Entwicklung war vor allem Yves Saint-Laurent verantwortlich. Sein Kommentar von 1969 lautete: »Als ich die Hosen ›einführte‹, tat ich nichts besonders Originelles. Die jungen Leute hatten nicht auf mich gewartet, um endlich Hosen tragen zu können. Sie trugen sie schon längst.«[15] Yves Saint-Laurent machte die Hosen jedoch auch zur anerkannten Mode für Frauen, die gar nichts mit der »Counterculture« zu tun hatten. Sie wurden zum schicken modischen Bekenntnis und nicht zur Uniform, in der es die Welt zu verbessern galt. Zu ihrer Hochzeit mit dem Rocksänger Mick Jagger von den Rolling Stones (1971) trug Bianca Perez Moreno de Marcias aus der obersten Gesellschaft Nicaraguas ein atemberaubendes Jackett von Yves Saint-Laurent mit Maxirock.

Ein Expertenkommentar zur amerikanischen Brautmode jener Zeit lautete: »Trotz der Beliebtheit dieser neuen Stilrichtungen konnten sich die meisten Bräute gefühlsmäßig nicht von der Vergangenheit lösen – diese Bräute sehnten sich immer noch nach einem gewissen Maß an Tradition. 1971 waren 94 Prozent der verkauften Brautkleider weiß, und obwohl der Mini der letzte Schrei war, waren immer noch 87 Prozent der Brautkleider bodenlang. Zwar kämpften die Frauen für Gleichberechtigung, gingen arbeiten und protestierten gegen den Krieg ... der universelle Traum einer Hochzeit in Weiß wurde jedoch nie ganz aufgege-

LINKS UND GEGENÜBER **Die britische Entertainerin Cilla Black ließ sich 1969 sowohl standesamtlich als auch kirchlich mit ihrem Partner und Manager Bobby Willis trauen. Für die standesamtliche Trauung fuhr sie im roten Rolls Royce vor und trug ein zwei Jahre altes burgunderfarbenes Kleid, das extra gekürzt worden war. Fünf Wochen später erschien sie in der St. Mary's Church im weißen Mini mit Marabufedern.**

ben.«[16] Und so trug auch das Model Farrah Fawcett, die in den 70er-Jahren durch ihre Rolle in der Fernsehserie *Drei Engel für Charlie* (1974–79) zu einer wahren Modeikone werden sollte, bei ihrer Hochzeit mit dem Schauspieler Lee Majors 1973 ein traditionelles weißes Kleid mit Schleier. Bei einer weiteren »Fernsehhochzeit« Mitte der 70er war das Publikum so groß wie nur selten: 1974 schauten 40 Millionen Amerikaner zu, als Rhoda Morgenstern aus der Serie *Rhoda* im weißen Kleid heiratete. Ob nun Wirklichkeit oder Fiktion, für die meisten Frauen waren die extremen Strömungen der Mode an dem wichtigsten Tag in ihrem Leben einfach nicht das Richtige.

Trotz der unverschämten Rebellion der Mode von der Straße dominierte in der Brautmode der späten 70er-Jahre doch eine nostalgische Stimmung. Man begegnete jeder Menge romantischer Retro-Looks von Designern wie Bill Gibb und Gina Fratini, mit hoher Taille und Volants sowie reichlich Lochstickerei. Rustikale Stilelemente, etwa Morgenhauben oder Trägerkleider aus Gingham, schienen eher zu einem Roman von Thomas Hardy aus dem 19. Jahrhundert zu passen als zu den schizophrenen 70ern. Hochzeiten in der Kirche kamen wieder in Mode und mit ihnen auch die dazugehörige Zurschaustellung. Seit den prachtvollen Hochzeiten um 1900 waren Hochzeitstorten beeindruckende Gebilde gewesen – für eine kurze Unterbrechung hatten nur die Beschränkungen des Zweiten Weltkriegs gesorgt. Und in den 70ern, als die Hochzeit in Weiß zu einem weltweiten Phänomen geworden war, gab es auf fast jeder Hochzeit eine Torte. Westliche Hochzeiten in Weiß erfreuten sich zum Beispiel in Japan besonderer Beliebtheit, und die Tradition der kunstvollen mehrstöckigen Torte mit einem Brautpaar aus Plastik darauf hatte man gleich mitimportiert. Doch wie der Hochzeitsexperte Simon Charsley bemerkt: »Die Torte ist ungenießbar und sogar die kunstvolle ›Zuckerglasur‹ ist aus hartem Wachs oder, jetzt ganz neu, in Form gegossener Gummi. Braut und Bräutigam müssen die ›Torte‹ zusammen anschneiden, wofür hinten ein Schlitz vorgesehen ist. Die ganze Torte dient nur diesem Zweck – und damit man zur rechten Zeit das klassische Foto schießen kann. Beim Anschneiden wird mitunter ein Mechanismus für eine dramatische Wolke aus Dampf ausgelöst.«[17]

Das wichtigste Element vieler Hochzeitskleider der 70er-Jahre waren dekorative Details, durch die die einfachen Kleiderstile der 60er ein weicheres, duftigeres Aussehen erhielten. Das Brautkleid »war dank der weichen, durchsichtigen Stoffe einerseits verträumt und dank der Betonung des Körpers gleichzeitig sinnlich, dabei jedoch weder geschnürt noch wattiert. Häufige Frisuren waren der Knoten oder Chignon, der mit frischen oder künstlichen Blumen oder einem Diadem geschmückt wurde. Die Schleier waren meist lang, Hüte eine nostalgische Alternative, die mit gepunkteten Schleiern getragen wurden.«[18] Aber auch Elemente der Hippiemode blieben erhalten, und so trug der Bräutigam einer Hochzeit von 1978 zum Beispiel »gelbbraune Cordhosen, in Cowboystiefel gesteckt, dazu ein leuchtend grünes Hemd, das seine Braut auf dem Rücken mit einem Drachen in Orange und Weiß bestickt hatte. Die Braut trug einen irisierenden, blaugrünen Kaftan, eine passende Handtasche und ein silbernes Hufeisen, das mit weißen Blumen und Bändern dekoriert war.«[19]

In einem Beitrag im *Daily Telegraph* von 1978 mit dem Titel »The Dresses to Wed In – and Wear Again« schreibt die Modejournalistin Avril Groom: »Es ist etwa zehn Jahre her, dass einige sparsame, kluge junge Frauen entdeckt haben, dass Laura Ashleys lange Sommerkleider aus wei-

LINKS Frank Sinatra und Mia Farrow heirateten 1966 in Las Vegas, nachdem Sinatra seine Verlobte mit einem Diamantring im Wert von 100 000 Dollar vorgestellt hatte. In ihrem minimalistischen Kostüm und mit der jungenhaften Frisur von Vidal Sassoon wirkte Mia Farrow ausgesprochen kindlich.

ßer Baumwolle und Spitze sich als hübsche (und bezahlbare) Brautkleider eignen«[20], und das taten sie auch weiterhin. Für Brautsträuße verwendete man Wildblumen oder einfach Blumen aus dem Garten. Im Gegensatz zu diesem gespielt naiven, hübschen Retro-Look wurde die Mode für den Bräutigam so experimentierfreudig wie nie zuvor – allerdings innerhalb genau festgelegter Grenzen. Elizabeth Laverack bemerkte dazu: »Der traditionelle schwarze Frack mit gestreifter Hose ist heute eher die Ausnahme als die Regel. Die Wagemutigeren tragen vielleicht blauen Kammgarnstoff mit ausgestellten Hosen; einen taubengrauen Wollflanell mit karierten Aufschlägen oder sogar Aufschläge aus silbergrauem geflammtem Taft; einen braunen Cut mit braunem Zylinder oder vielleicht auch einen eleganten schwarzen oder grauen Frack und Hosen.«[21]

Hatte sich aber nun irgendetwas wirklich verändert? Wenn man sich die Statistiken in Bezug auf Männer, Frauen, Kinder und Eheschließungen anschaut, gab es durchaus bemerkenswerte Veränderungen. In den 70er-Jahren sollte sich die Zahl früher Eheschließungen, der Trend der 50er, komplett verschieben, und die Zahl der Frauen, die noch als Teenager oder mit Anfang 20 heirateten, ging zurück. Prozentual rückläufig war auch die Zahl der ersten Eheschließungen. Demgegenüber stieg die Zahl der zweiten Eheschließungen deutlich an, was den Gesetzesreformen zuzuschreiben war, die eine Scheidung nun erleichterten. Hochzeiten waren noch immer sehr beliebt und beeindruckende 95 Prozent aller Frauen sowie 91 Prozent aller Männer waren im Alter von 40 Jahren verheiratet. Von der modernen Ehe hatten die Frauen allerdings auch deutlich mehr zu erwarten. Sie konnten die Familienplanung besser kontrollieren, konnten weiterhin arbeiten und falls nötig Kinderbetreuung in Anspruch nehmen.

Gegen Ende der 60er- und für einen Großteil der 70er-Jahre verschwanden die Brautmagazine fast vollständig – selbst das unverwüstliche Magazin *Brides* hatte Probleme und veröffentlichte Artikel zu Sex und Partnerschaft und darüber, wie man Karriere und Privatleben miteinander vereinbart. Doch wie die Soziologin Chrys Ingraham in einer der wenigen akademischen Arbeiten über die Hochzeitskultur schreibt: »In der Herbstausgabe 1976 gab *Brides* bekannt: ›die Romantik ist zurück‹ und bezog sich auf der Titelseite mutig auf das Thema Scheidung. Mit der Rückkehr der Romantik und dem Beginn der Reagan-Ära hatte auch das Magazin wieder Erfolg.«[22] Die Frauen schienen sich wieder mit großer Ausdauer der Aufgabe zu widmen, die die Akademikerin und Journalistin Marjorie Ferguson als »Hol dir deinen Mann und halte ihn«[23] bezeichnete.

Im Jahr 1978 untersuchte das britische Magazin *Honey* »die Ambitionen und Erwartungen« seiner männlichen Leser zwischen 20 und 34 und seiner Leserinnen zwischen 18 und 30 Jahren in einer nationalen Erhebung: »Frau Pankhurst dreht sich bestimmt im Grabe rum und Frau Greer möchte vielleicht ihre Sachen packen und nach Hause gehen. Denn was Sie wirklich wollen, liebe Frau 1978, ist ein Ehemann, ein Heim (am liebsten ein Eigenheim auf dem Land) und zwei Kinder. Hochzeiten sind groß in Mode. Sie haben wirklich große Ähnlichkeit mit Ihren Müttern und auch noch mit Ihren Großmüttern. Sie wollen gar kein Tycoon oder Chirurg sein. Sie träumen von einem Job, der Ihr Familienleben nicht zu sehr stört. Und Sie hüpfen auch nicht gerade von einem Bett zum nächsten mit immer lauteren Schreien der Befriedigung. Die Männer wissen es zu schätzen.«[24] Die traditionelle Hochzeit in Weiß, die für einen Großteil der 70er-Jahre aus der Mode gekommen war, stieg nun wieder wie ein Phoenix aus der Asche, größer und mächtiger als je zuvor.

LINKS Bianca Perez Moreno de Marcias, Mitglied der obersten Gesellschaft Nicaraguas, und Mick Jagger heirateten 1971 in St. Tropez. Im Hintergrund (von links): Schauspielerin Anita Pallenberg, Gitarrist Keith Richard, Fotograf Patrick Lichfield und (ganz rechts) Regisseur Roger Vadim.

VORHERIGE SEITE Elvis Presley und Priscilla Beaulieu 1967 nach ihrer Hochzeit in Las Vegas.

OBEN UND RECHTS Bei ihrer Hochzeit mit dem römischen Psychiater Dr. Andrea Dotti im Jahr 1969 trug die Schauspielerin Audrey Hepburn ein Minikleid aus rosa Jersey mit passendem Kopftuch von ihrem bevorzugten französischen Couturier Givenchy. Es war seine erste und ihre zweite Hochzeit.

OBEN Eine offensichtlich schwangere Braut im Mini und Männer in schicken Anzügen auf einem Foto mit dem Titel »Marriage à la mode in der Carnaby Street«. Die im indischen Stil bestickten Westen der Brautjungfern (links) zeigen, wie Elemente des Hippie-Looks auch in die Kindermode einflossen.

LINKS Diese Braut aus der besseren englischen Gesellschaft präsentiert dem Fotografen ihr Krönchen, den üppigen Tüllschleier und die Schleppe. Der Bräutigam trägt den traditionellen Cut.

OBEN Zwei Bräute aus dem Jahr 1961, von Frank Horvat fotografiert. (Links) Eine mit Blumen geschmückte Robe aus schwerem Stoff, der die perfekte Form behält. (Rechts) Eine Braut im ärmellosen Kleid mit weitem Rock, der in der Taille in dekorative Falten gelegt ist. Der Kopfschmuck mit Federn ist den Showgirls abgeschaut.

GEGENÜBER (Links) Eine bescheidene Braut im viktorianischen Stil aus dem Magazin *Brides* von 1961 – ein Beispiel für den traditionelleren Stil, den die Mehrzahl der Bräute in den so genannten »Swinging Sixties« bevorzugte. (Rechts) Ein knielanges Brautkleid in Trapezlinie, bei dem Streifen aus Spitze, durch Biesen unterteilt, Oberteil, Ärmel und Rock bilden. In den späten 60ern und frühen 70ern löste eine Reihe modischer Kopfbedeckungen den Schleier ab.

VORHERIGE SEITE (Links) Ein typischer Look der 60er-Jahre mit überdimensionierter Rose am Haarband, das den bauschigen Schleier hält. Die einzige Dekoration des Futteralkleids mit eingerolltem Kragen sind die betonten Nähte.
(Rechts) Eine Winterbraut von 1962, fotografiert von Peter Rand. Das dekorative Futteralkleid mit angesetzter Schleppe und Bootausschnitt stellt die schwanenhafte Eleganz der Braut heraus, die von ihrer Brautjungfer im kontrastierenden Rot betreut wird.

OBEN Eine Modezeichnung von 1969, die das lange Haar der Braut raffiniert in einen Schleier verwandelt und mit einem Hauch Surrealismus in den Ärmeln nochmals zitiert. Die stark betonten Formen des Schnitts erhöhen die dramatische Wirkung.

LINKS Ein Kleid in schmaler Empire-Linie aus weißer Seidenspitze mit Ärmeln à la Camelot und einem fließenden Umhang aus Organza mit Spitzenkante. Foto: Patrick Lichfield, 1969.

OBEN In einer der berühmtesten Hochzeitsszenen des Nachkriegsfilms verlässt Katherine Ross in *Die Reifeprüfung* ihren seriösen Verlobten (natürlich ein Mitglied der privilegierten weißen Mittelschicht) vor dem Traualtar für den komplizierteren, nonkonformistischen Dustin Hoffman.

RECHTS Arkadius hat für diese Braut einen subversiven Look aus Organza kreiert: ein Mini bis zum Schritt mit »urbaner Guerilla-Kopfbedeckung«.

GEGENÜBER Mit Pailletten besetzter Mini und Top für die Frühjahrskollektion 2001 von Donna Karan. Dazu: griechische Schnürsandalen und ein kurzer Schleier, der an einem Scheitelkäppchen befestigt ist.

LINKS Die erotische Ästhetik von Damenunterwäsche wird in diesem zweiteiligen Hochzeitsensemble mit Spaghettiträgern und transparentem Einsatz an den Oberschenkeln nur zu deutlich.

OBEN Für die unverhohlen nostalgischen Trends in der Brautmode der 70er-Jahre war vor allem Laura Ashley verantwortlich. (Links) Ein Ashley-Modell von 1970 mit geblümter Schürze. (Rechts) Dieses Bild von 1978 macht deutlich, dass viele Bräute trotz der einflussreichen Punk-Mode Landhauskleider und Röcke mit Volants bevorzugten, die eher zu einem Roman von Thomas Hardy aus dem 19. Jahrhundert passen würden.

LINKS Eine romantisierte ländliche Ästhetik zeigte sich in der Brautmode der 70er-Jahre. Diese Braut, 1977 von John Swannell fotografiert, trägt ein Kleid mit breiter Schärpe, weitem Rock und Puffärmeln und dazu einen breitkrempigen Hut.

VORHERIGE SEITE Experimentelle Brautmode von 1969. Trotz einer Umgebung wie um 1900 und der traditionellen Pose passt diese Braut doch genau in ihre Zeit. Ihr Outfit ist zwar lang und weiß, doch der spitzenbesetzte Schlapphut, das Gänseblümchenmotiv auf dem Stoff und der Volant entsprechen hochmodischen Trends.

RECHTS Dieses Brautkleid fotografierte Patrick Lichfield 1969. Sein Stil zeigt, wie Ideen der Hippie-Kultur mit der Haute Couture Ende der 60er- und Anfang der 70er-Jahre vermischt wurden. Das Kleid im Empire-Stil mit überkreuztem Oberteil erinnert außerdem an Negligémode.

GEGENÜBER Eine versonnen schauende Braut hinter einem transparenten Tüllschleier – ein unverhohlen romantisches Design von Giorgio Armani aus dem Jahr 1999.

VORHERIGE SEITE Für diese beiden Modelle für eine Winterbraut, fotografiert von Giuseppe Bertolucci, werden die Vorzüge von Stretchstoffen (in den 80ern entwickelt) genutzt, um schlichte, schmale Formen zu kreieren. Ungewöhnlich sind die Farbkombinationen.

GEGENÜBER Richard Dunkley fotografierte diese Braut 1974 in einem Kleid aus geblümter Spitze. Die Wirkung des fließenden drapierten Stoffs erinnert an Modelle von Yuki. Die traditionelle Form von Rock und Oberteil wird hier vollständig aufgegeben.

LINKS Ein Brautkleid mit Kapuze aus dem Jahr 1975 von Christian Dior. Das bestickte Oberteil zitiert die Form des Trägerkleids und ist russischen Trachten nachempfunden.

GEGENÜBER Das Design dieser Robe vereinigt elisabethanische und kirchliche Motive für ein ausgesprochen theatralisches Hochzeitsensemble.

LINKS Dieser flotte Anzug mit Hotpants von Lorenzo Riva für die Saison 2001/02 greift die kurzlebige Mode der 70er auf, die einen ultramodernen Look für die zeitgemäße Braut kreieren wollte.

VORHERIGE SEITE (Links) Cocoe Vocis schlichtes Oberteil mit weitem Rock in reinem Weiß für eine natürlich gestylte Braut in natürlicher Umgebung – eine Hommage an die »Counterculture« der Hippies Ende der 60er-Jahre. (Rechts) Ein weiteres Modell von Cocoe Voci für das Frühjahr 2000 mit einem tiefen Dekolleté und einem Oberteil mit tiefer Taille, an das sich ein weiter Tüllrock anschließt. Hier wird ein eher beunruhigendes Bild von einer Hochzeit auf einer Plantage evoziert, bei dem die Braut mit Zöpfchenfrisur zwischen den Bambusstäben gefangen zu sein scheint.

LINKS Dieses flotte, pinkfarbene Modell im Cheerleader-Look von Betsey Johnson besteht aus einem langen, verstärkten Korsett mit Blumendekor am Dekolleté, einem kurzen Schleier und passendem Sträußchen.

RECHTS Eine Robe von Arkadius im Ballon-Look mit Ärmeln à la Camelot und einem tiefen Bootausschnitt für eine Silhouette, die sofort die Aufmerksamkeit auf sich zieht.

»Ich betrachte das nicht als eine Hollywoodhochzeit. Ich sehe es eher als Familienhochzeit ... Das Ganze hat doch etwas sehr Schlichtes.«[1]

Catherine Zeta Jones am Vorabend ihrer zwei Millionen Dollar teuren Hochzeit mit Michael Douglas.

Moderne Märchen

Zu Beginn der 80er-Jahre des 20. Jahrhunderts hatte sich die Hochzeit in Weiß als rezessionserprobt erwiesen. Die Frauen waren durch Seifenopern, Kinofilme, Brautmagazine und Prominentenpartys mit dem Code femininen Brauttums derart überschüttet worden, dass sie sich sogar dann noch für eine traditionelle weiße Hochzeitsrobe entschieden, wenn sie an ihrem Arbeitsplatz für Gleichberechtigung eintraten und sich im Karrierelook präsentierten. Die Männer waren nicht mehr die Haupternährer einer Familie. Immer mehr Frauen betraten die moderne Kampfarena der Arbeitswelt, und ihre Neuverhandlung männlicher Privilegien drückte sich auch symbolisch aus: Frauen ahmten ihre männlichen Kollegen mit strengen Kurzhaarfrisuren und in Anzugjacken mit Schulterpolstern nach. Die Ehe war längst keine Notwendigkeit mehr, da das Repertoire gesellschaftlich akzeptierter weiblicher Rollen nun um die allein stehende, unabhängige Karrierefrau erweitert worden war. Bei einer Untersuchung der Inhalte von Frauenmagazinen von 1979 bis 1980 entdeckte die Soziologin Marjorie Ferguson einen neuen Typus – die »unabhängige Frau«, eine »energische, zielstrebige, die Dinge hinterfragende Frau … die mit dem Leben und der Liebe, der Arbeit und dem Spiel allein fertig wurde – und wenn schon nicht zu ihren Bedingungen, dann doch nach einer verhandelten, nicht nach einer diktierten Regelung«.[2]

Trotz dieses Fortschritts in der Frage der Gleichberechtigung von Frauen schien sich eine weltweite Distanzierung gegenüber den Auswirkungen des Feminismus und der revolutionären Haltung zu Liebe, Sex und Ehe abzuzeichnen, während traditionelle heterosexuelle Rollen an Bedeutung gewannen. Die Furcht vor Aids förderte eine strengere Moral und den Rückzug vom liberalen Sexualverständnis des vorangegangenen Jahrzehnts. Viele sagten »Ja« und Hochzeiten waren beliebter als je zuvor, auch wenn sie immer häufiger scheiterten. Inmitten großer kultureller Veränderungen wandte sich die Hochzeitszeremonie wieder der viktorianischen Ausdrucksform traditioneller Werte zu, insbesondere was die Beliebtheit von Gehröcken und Krinolinen anbetraf. Es gab aber nicht nur immer mehr Hochzeiten, sie wurden auch immer größer und die Ausstattung immer ehrgeiziger – ein Ausdruck des prestigeträchtigen Lebensstils, der mit dem Kult um das Designerlabel in die Mainstream-Mode Einzug gehalten hatte. Die Politik von Ronald Reagan, Margaret Thatcher oder Helmut Kohl legitimierte die unverhohlene Zurschaustellung von Reichtum. Konsum galt als Ausdruck des persönlichen Erfolgs, den die Figur des Yuppies (»young urban professional«) verkörperte. Die Kulturhistorikerin Deborah Silverman spricht von einem neuen kulturellen Stil des Aufstiegs, der sich besonders in den USA zeigte: »Ein Stil, der sich auf aggressive Weise dem Kult des sichtbaren Reichtums und der Überlegenheit verschrieben hat und auch der Illusion, dass all das wohlverdient

LINKS Am 29. Juli 1981 betrat Lady Diana Spencer die St. Paul's Cathedral in einem Kleid der Designer Elizabeth und David Emanuel, die damit die Silhouette der Brautkleider des nächsten Jahrzehnts vorgaben, aber auch die Brautmodenindustrie belebten.

sei; ein Stil des unverfrorenen Überflusses, dessen Mischung aus Hedonismus, Gehässigkeit und sozialer Ablehnung in dem Slogan ›Gut zu leben ist die beste Rache‹«[3] seinen Ausdruck fand. Ganz ähnlich formulierte es die US-Journalistin Holly Brubach: »Ein prestigeträchtiger Lebensstil ... galt zu Zeiten Ronald Reagans als Indiz für persönliche Leistungen ... Die Helden der 80er, die aus verpfändetem Schrott ganze Imperien, Kasinos und Einkaufszentren als Monumente für sich selbst errichteten, statteten ihre Ehefrauen mit Kleidern von Christian Lacroix aus.«[4]

Christian Lacroix war einer der wichtigsten Modedesigner der 80er-Jahre, der aus dem neuen Geld, das der Unternehmergeist dieses Jahrzehnts hervorbrachte, Kapital schlug. Schon bei seiner ersten Kollektion 1987 standen die Brautkleider im Mittelpunkt – das Model Marie Seznek erschien in »einem Kleid wie ein Baiser aus elfenbeinfarbener Seide und mit einem Tellerhut mit Flügeln und Schleier«.[5] Lacroix gab der Mode ihre spektakulären Elemente zurück, und sein Markenzeichen waren kurze Ballonröcke, auch Poufs genannt, sowie Zitate historischer Stile. Die Modejournalistin Georgina Howell nannte seine Arbeit »Theater in Reinform – ein gestreiftes Ballkleid aus Satin, bei dem die Turnüre vorne sitzt, das Cape eines Stierkämpfers aus rosa und gelbem Satin, ein scharlachrotes Bustier, das zu einem Durcheinander gestreifter Petticoats explodiert«.[6] Eine seiner kunstvollen Hochzeitsroben war dem Stil des 18. Jahrhunderts nachempfunden – mit »einem verstärkten Oberteil aus cremefarbener Seide mit abnehmbaren Ärmeln, fixiert mit Schleifen, und vorne mit schwerem vergoldetem Schmuck dekoriert. Der dazu passende Rock aus Seide ist auf einer Seite gerafft und enthüllt darunter einen gesteppten Satinrock. Der ovale Schleier ist mit Spitze eingefasst, den Kopf schmückt ein vergoldetes Diadem, das über dem Schleier getragen wird.«[7]

In dieser Beschreibung werden die entscheidenden Elemente von Lacroix' Mode genannt – historische Stile, deren reichen Fundus es zu plündern gilt, kunstvolle Details, bei denen die Handarbeit zählt, und ein generell sehr kostbarer Stil. Seine luxuriösen, teuren Kleider wurden zu einer wahren Obsession der Großindustriellen Japans und der arabischen Ölbarone, die mit ihren Öldollars einige der unfassbar teuren Hochzeitskleider erstanden. Moderedakteur und Autor von *The Fashion Conspiracy*, Nicholas Coleridge, schrieb über die Modehäuser der 80er-Jahre, dass sie »die wohlhabenden Araber unerbittlich melkten. Aus ihrer Vorliebe für kostbare Perlenstickereien schlugen sie reichlich Kapital, bestickten Kleider vom Ausschnitt bis zum Saum mit Perlen und besetzten sogar solche Stellen mit Perlen, wo man selten zuvor welche gesehen hatte ... [einschließlich] des ersten 100 000-Dollar-Brautkleids, über und über bestickt mit weißen Perlen. ›Wir haben gestern einen Auftrag für ein Hochzeitskleid angenommen – 450 000 Francs‹, sagt Erik Mortensen, Couturier im Haus Balmain. ›Aber wir haben auch schon teurere gemacht, bis zu 600 000 Francs. Dazu noch die Brautjungfern. Sie können zehn, elf oder zwölf Jahre alt sein und die Kleider kosten jeweils 125 000, 150 000 oder 175 000 Francs, das hängt ganz von der Stickerei ab und davon, ob sie mit weißem Nerz besetzt sind.‹«[8]

Hochzeitskleider gehören inzwischen zu den gewinnbringendsten Stücken in Christian Lacroix' Atelier. Im Jahr 2000 kreierte er für Catherine Zeta Jones' Hochzeit mit Michael Douglas ein Kleid im Stil der Zeit um 1900. Es bestand aus elfenbeinfarbenem Satin-Duchesse mit einer zwei Meter langen Schleppe und einem langen Rock mit Fischschwanz wie in den 30ern, darüber Chantilly-Spitze aus dem 18. Jahrhundert – eine Fülle

RECHTS Der Londoner Brautmodendesigner Tomasz Starzewski ist berühmt für seine stark dekorierten und detailfreudigen Modelle in der großen Tradition der Haute Couture. Dieses Hochzeitskleid hüllt die Braut in eine Wolke aus bauschigem Tüll.

von Retro-Elementen und ein Beispiel für das, was Lacroix »das Gleichgewicht zwischen Tradition und Modernität«[9] nennt. Das Kleid im Wert von 160 000 Dollar wurde von der Bekleidungsfirma ABS aus Hollywood kopiert und nach einer Woche für 350 Dollar verkauft.

Die Couture-Besessenheit der 80er-Jahre, die vor allem die reichen Kunden von Lacroix zum Ausdruck brachten, hatte auch einen gewissen Einfluss auf die Brautmode, und zwar unabhängig davon, ob die Kleider das Ergebnis mühevoller Anproben oder billige Konfektionsware waren. Oft handelte es sich um Kopien des Brautkleids, das Prinzessin Diana bei der Hochzeit mit Prinz Charles 1981 getragen hatte. Am 29. Juli betrat Diana die St. Paul's Cathedral in einem Kleid von Elizabeth und David Emanuel, das die Silhouette der Brautkleider für die nächsten zehn Jahre bestimmen sollte und die Brautmodenindustrie neu belebte. Das Markenzeichen des Designerduos war allgemein bekannt: Rüschen, die in praktisch allen ihren Modellen auftauchten, sogar in Bademoden. Hinzu kam ihr »zurückblickend romantischer« Stil.

Dianas Robe bestand aus elfenbeinfarbenem Seidentaft mit einer siebeneinhalb Meter langen, abnehmbaren Schleppe und einer Silhouette im Stil der Krinoline des 19. Jahrhunderts, »ein einziger großer Schauer aus cremigem Elfenbein«[10], wie es Jean Rook, die große Dame des britischen Journalismus formulierte. Ihre US-Kollegin Susan Heller Anderson von der *New York Times* beschrieb es so: »Ein mit Pailletten und Perlen reich verziertes Kleid ... Das von Großbritanniens einziger Seidenfirma produzierte Kleid war auf der Vorder- und Rückseite des eng sitzenden verstärkten Oberteils mit alten Spitzen bestickt. Der tiefe runde Ausschnitt war mit einer breiten Rüsche eingefasst und die lockeren weiten Ärmel an den Ellenbogen zusammengefasst. Eine Krinoline aus vielen Schichten Tüll gab dem transparenten Rock seine Kuppelform. Ihren elfenbeinfarbenen Tüllschleier hielt ein Diamantdiadem, das dem Earl of Spencer, Lady Dianas Vater, gehörte und, ebenso wie die Tausende von Hand vernähten Pailletten, kräftig glitzerte. Ebenfalls geborgt war das Paar Diamantohrringe von Lady Dianas Mutter ... und da die Tradition schließlich auch etwas Blaues verlangt, war in den Rockbund eine blaue Schleife eingenäht.«[11]

Man hatte einen Sicherheitsdienst beauftragt, das Hochzeitskleid 24 Stunden lang zu bewachen, damit keine Informationen darüber an die Presse gelangen konnten. Dennoch fand sich bereits fünf Stunden nach der Trauung die erste Kopie des Kleids im Schaufenster eines britischen Kaufhauses – eine billige Kopie aus Polyestersatin, die 700 Dollar kostete. Doch war sie eine Art Legitimation aristokratischer Privilegien, denn sie lud zur Imitation eines Spektakels ein, das niemand sonst je erleben würde. Die gesamte Unternehmung war ein kommerzieller wie auch kultureller Erfolg, jedoch weniger ein romantischer – Diana selbst verglich ihr Gefühl in der Nacht vor der Zeremonie mit einem »Lamm auf dem Weg zur Schlachtbank«.[12]

Dianas Verlobungsring war ebenfalls kopiert worden, dieses Mal allerdings von der angesehenen Schmuckfirma Ratner's, die im ersten Jahr 40 000 Exemplare des Rings verkaufte. Und für alle, die an dem Ereignis in der Abgeschiedenheit ihres eigenen Heims teilhaben wollten, wurden über 1 600 verschiedene Hochzeitssouvenirs angeboten – von einer Schachtel Streichhölzer bis zu einem Besteck-Set für 11 000 Dollar von den angesehenen Juwelieren Garrard. Das aufdringliche Merchandising rund um die Hochzeit wirkt im Rückblick ein wenig geschmacklos. Die

LINKS **Ein Schauspiel von Reichtum und privilegierter Aristokratie, auf dessen Inszenierung die Bloßstellung folgte, war die Hochzeit (und spätere Scheidung) von Prinz Andrew und Sarah Ferguson von 1986. Sie trug ein elfenbeinfarbenes Kleid von Lindka Cierach aus Duchesse-Satin.**

Kolumnistin Suzanne Moore verglich das schöne Märchen von der königlichen Hochzeit mit der prosaischeren Realität und bemerkte dazu, dass »sogar jene, die am Tag der königlichen Hochzeit unbeweglich vor den Fernsehern saßen, wussten, dass das Leben – unser aller Leben – keineswegs wie dieses Spektakel auf dem Bildschirm ist. Trotzdem schien die Nation nur zu glücklich darüber, sich dem Zuckerguss hingeben zu können. Niemand interessierte sich für die Zyniker unter uns, die in Diana ein Opferlamm auf dem Altar der im Niedergang begriffenen Monarchie sahen.«[13] Auch der Kommentar der Soziologin Chrys Ingraham dekonstruiert die ganze traurige Saga. Sie betont, dass es sich vielmehr um die Verbindung zweier Dynastien als um eine Liebesheirat handelte, ganz besonders was Charles betraf. Ingraham pickt einen speziellen Moment der Trauzeremonie heraus, der all dies nur zu deutlich machte: »Wer gibt diesem Mann diese Frau? An dieser Stelle gab Dianas Vater Prince Charles im wahren Wortsinn Dianas Hand. Charles steckte einen Ring an Dianas Finger, erhielt selbst jedoch keinen. Diese eindrucksvolle Darstellung der patriarchalen Tradition festigt die Rolle von Princess Diana als Ehefrau, zukünftige Mutter und zukünftige Königin. Jene Handlung, ihre Hand in die von Charles zu legen, damit er einen Ring daran steckt, demonstriert ganz deutlich die Übergabe der Tochter als Besitz des Vaters an den Ehemann und neuen Eigentümer, was durch den Ehering angezeigt wird.«[14]

Und dennoch sollte diese großartige königliche Hochzeit eine enorme Wirkung haben und die Kosten sowie die Größe zukünftiger Hochzeiten entsprechend eskalieren lassen. Der Kulturhistoriker Simon Charsley hat die kulturelle Bedeutung von Hochzeitstorten untersucht und festgestellt: »Zu Beginn der 80er-Jahre galten vierstöckige Torten gemeinhin als äußerste Größe. Gegen Ende der 80er stellten marktführende Spezialfirmen fünfstöckige Torten für ihre Warenauslagen her, verlangten dafür beträchtliche Summen – in einem bekannten Fall sogar 500 Pfund, obwohl eine dreistöckige Torte in der Region immer noch 100 Pfund kostete – und konnten sie auch noch verkaufen. Alles, was man brauchte, um gegen Ende des Jahrzehnts zu beeindrucken, war die Übertreibung.«[15]

Die ersten Anzeichen einer Ökomode ließen sich jedoch langsam erkennen, und die Hersteller wussten, dass der nächste neue Trend umweltfreundliche Kleidung heißen würde. Rifat Ozbeks »weiße« Kollektion von 1990 trug dem neuen Interesse an Ökologie und der globalen Sorge um die Umwelt in symbolischer Weise Rechnung. Mit seinen weißen, von der Sportmode beeinflussten Separates, deren Rücken Slogans wie »Nirwana« zierten, versuchte Ozbek eine neue Spiritualität in der Mode einzuführen. Die Brautmode konnte mit diesen umweltbewussten Prinzipien jedoch niemals in Einklang gebracht werden. Brautkleider waren und sind eine sehr arbeitsaufwendige Mode und werden nur ein einziges Mal getragen. Die amerikanische Designerin Susan Lane hatte den Mut, sich an einer Reihe umweltfreundlicher Hochzeitskleider zu versuchen, die recycelte Flaschenverschlüsse, Papierprodukte und Plastikverpackungen verwertete, konnte sich damit jedoch nicht durchsetzen – basiert die Philosophie von Hochzeiten doch einzig und allein auf prestigeträchtiger Zurschaustellung: Pfeif auf die Kosten und recycle niemals irgendetwas!

Fast die gesamten 90er-Jahre hindurch wurden Hochzeitskleider vor allem von historischen Stilen bestimmt. Die westlichen Kulturen schienen von historischen Formen geradezu besessen – vielleicht weil sie auf das unbekannte Territorium des neuen Jahrtausends zusteuerten. Da war es sicherer, in der Nostalgie Zuflucht zu suchen, in einer Vergangenheit, in der Ehen stabiler erschienen und von längerer Dauer waren. Historische

LINKS Das ätherische Bild einer Brautjungfer, von Basia Zarzycka mit weitem Tüllrock, Perlenohrringen und goldenem Diadem ausgestattet.

OBEN Die Verlegerin Beatrice Vincenzini und Hugh Warrender heirateten im Jahr 2000 in Italien. Die Braut, eine toskanische Erbin, trug eine Robe von Vera Wang mit weißer Nerzstola, einem Kopfschmuck von Philip Treacy und einem Diadem aus dem Familienbesitz.

LINKS Einige der traditionellsten und extravagantesten Hochzeiten finden in den schwarzen Gemeinden Amerikas statt. Dieses Bild von einer afro-karibischen Hochzeit aus den 80er-Jahren zeigt ein besonders beeindruckendes Paar: die Braut in einer Robe mit herzförmigem Ausschnitt und der Bräutigam im grauen Cut inklusive Zylinder.

Klischees hielten Einzug in die Brautmode und damit auch entsprechende Stilelemente, wie etwa die Krinoline oder Turnüre, die Empire-Linie und sogar der Flapper-Stil der 20er mit tief angesetzter Taille.

Gegen Ende der 90er-Jahre hatte sich das Repertoire unechter historischer Stile fast zwei Jahrzehnte lang großer Beliebtheit erfreut. Doch die Terminologie wurde auf subtile Weise verändert, um für einen modischen Anstrich zu sorgen. Die Zeit um 1900 wurde zum Beispiel zur »Titanic-Ära«, wodurch man mit einem völlig neuen Begriff genau dieselbe historische Periode wie vorher meinte, aber gleichzeitig auf den weltweiten Erfolg des Films *Titanic* von 1997 reagierte. So schufen sich Braut und Bräutigam ihre ganz persönliche Fiktion von einem »goldenen Zeitalter« um 1900, das sie nur aus einem Katastrophenfilm aus Hollywood kannten. Der Kulturexperte Raymond Williams bemerkt dazu, dass Tradition »immer mehr ist als ein träges historisiertes Segment«, es handelt sich dabei um eine »bewusst selektive Version einer sich formenden Vergangenheit und einer bereits geformten Gegenwart«.[16] Bräute posierten vor Landhaushotels, und zwar in Kleidern, die die »bedrückende Zartheit« von Kostümen heraufbeschworen, die der Regisseur Alan Parker als »Laura-Ashley-Schule des Films«[17] bezeichnete. Darum repräsentierte die Kombination bestimmter Symbole und Motive auch eine erfundene Kultur, während andere, problematischere Aspekte einer Zeit vergessen oder ignoriert wurden. Ingraham formuliert es so: »Durch die Verwendung nostalgischer Elemente kommt es zu einer romantischen Neuerzählung der Geschichte und zur Einbürgerung der Tradition.«[18]

Eine Designerin, die in den 90ern die Geschichte neu erzählte, wenn auch mit einem Sinn für das Subversive, war Vivienne Westwood, die ihre erste Brautmodenkollektion 1993 für Liberty's in London präsentierte – ihre erste offizielle Beschäftigung mit Brautmode. Zu ihren Stücken gehörten auch »Hosenanzüge im Gangster-Look aus cremefarbener Wolle mit riesigen Satinaufschlägen für Braut und Bräutigam [und] dazu passende Zylinder«.[19] Die übliche Trennung zwischen Mann und Frau wurde hier verwischt, mit Ausnahme der sehr geschlechtsspezifischen Schuhe – für die Braut »schwankend hohe Schaukelpferdschuhe ... und Pantoffeln für den Bräutigam ... aus schimmerndem weißem Satin«. Es gab aber auch traditionellere Modelle: »Hochromantische Roben ... mit verstärkten Oberteilen über Röcken aus wirklich Hunderten von Tüllschichten mit Schmuckborten, während eine andere, trägerlose Robe mit weitem Rock aus weißem Organza mit einem passenden Organzaschleier kombiniert wurde.«[20]

Ende der 90er-Jahre hatte die bürgerliche Prominenz die Funktion der Adelsfamilien übernommen, nachdem diese auf so verdächtige Weise immer wieder scheiterten. Die Medien waren von jedem Starlet besessen und dem Spektakel einer Prominentenparty war ein Maximum an Berichterstattung sicher. Prominente, die nur aufgrund ihrer »Bekanntheit«[21] so bekannt waren, tendierten zu großen Hochzeitsfeiern, die gar nicht theatralisch genug sein konnten. Bei ihrer Hochzeit mit dem Popsänger Sting trug Trudie Styler eine Hochzeitsrobe von Versace im Wert von 100 000 Dollar. Die Heirat von Victoria Adams (Mitglied der Popgruppe Spice Girls aus den 90ern) und David Beckham (ein international bekannter Fußballer)

RECHTS Im späten 20. Jahrhundert suchten viele Bräute in der Nostalgie Zuflucht, wendeten sich einer Vergangenheit zu, in der die Ehen noch stabiler und erfolgreicher gewesen zu sein schienen. Vivienne Westwood dagegen verwendet die Symbole historischer Kleidung für einen ausdrucksstarken, dominanten Look für Frauen. Diese Krinoline mit fächerartigem Oberteil ist dafür ein Beispiel.

bildete ein weiteres Beispiel für einen prestigeträchtigen Medien-Overkill. Nachdem die beiden in der britischen Psyche zum Märchenprinzen und seiner Prinzessin der Plutokratie avanciert waren, heiratete das Paar nach der Geburt ihres Babys Brooklyn am 4. Juli 1999. Die Hochzeit wurde vom Pressesprecher des Paars als eine »ruhige Angelegenheit« beschrieben, für die allerdings 300 Gäste nach Luttrelstown Castle, einem Anwesen von über 2000 Quadratkilometern in der Nähe von Dublin, eingeflogen wurden, um am 500 000 Pfund teuren Empfang teilzunehmen. Das Magazin *OK* bezahlte eine Million Pfund für die Exklusivrechte und durfte von einem Ereignis berichten, dessen Choreographie fest in der Hand der Braut lag. Den Männern wurde empfohlen, im traditionellen Cut zu erscheinen, und den Frauen, ausschließlich Schwarz oder Weiß zu tragen, um nicht vom Brautkleid, entworfen von Vera Wang, abzulenken. Prominente wie das Spicegirl Victoria Adams waren gegen Ende der 90er zu Konsumvorbildern geworden, die einen Großteil der Öffentlichkeit stark beschäftigten und deren Hochzeiten im kleineren Stil nachgeahmt wurden.

Obwohl die Märchenhochzeit so beliebt ist wie eh. und je, scheint sich unsere Haltung gegenüber der Ehe gewandelt zu haben. Nur noch wenige glauben an märchenhafte Romantik und immer währendes Glück, und unser Zynismus gegenüber der Ehe zeigt sich auf unterschiedliche Weise. Im 21. Jahrhundert ruft eine zweite, dritte, ja sogar vierte Ehe keine Missbilligung mehr hervor, allerdings gilt es als eher unschicklich, wenn die Braut Weiß trägt. Bei der Kleidung gibt es

LINKS Im Jahr 2000 wurde der Ballsaal des Caesar's Palace in Las Vegas für die Erneuerung des Treueschwurs der Sängerin Celine Dion und ihres Managers René Angelil im Stil von Tausendundeiner Nacht dekoriert. Ihre Roben waren ägyptisch inspiriert.

noch weitere Tabus. In Julian Barnes Roman *Darüber reden* kommt es zu einem hitzigen Wortgefecht zwischen der Brautmutter und ihrer Tochter, die wieder im selben Kleid wie bei der ersten Hochzeit heiraten will: »Ihre Hauptaussage war, dass ich ganz offensichtlich meinen Verstand verloren hätte. Nur eine schwer gestörte Person würde davon träumen, im selben Kleid zweimal zu heiraten. Das verstieß gegen den guten Geschmack, gegen gutes Benehmen, ein gutes Gespür für Kleidung, die Kirche, alle Anwesenden bei beiden Zeremonien (obwohl vor allem gegen sie selbst), das Schicksal, das Glück, die Weltgeschichte und gegen ein paar weitere Dinge und Menschen.«[22]

Eine andere Veränderung im neuen Jahrtausend ist die Tatsache, dass eine Braut und Mutter, ohne rot zu werden, weiß tragen kann. Sie muss ihr Baby einfach nur als ultimatives Accessoire verstehen. Tatsächlich betrachtete das Magazin *People* 1997 eine Schwangerschaft als moderne Entsprechung der Verlobung und erklärte: »Heutzutage ... ist eine Schwangerschaft ebenso bedeutungsvoll wie ein Diamant ... Wenn Paare Kinder haben, ist das Kind doch ein Zeichen der Verbindlichkeit.«[23] Und so war Baby Dylan auch bei der zwei Millionen Dollar teuren Hochzeit von Catherine Zeta Jones und Michael Douglas im New Yorker Plaza Hotel anwesend und der kleine Rocco Ritchie bei Madonnas Heirat mit Guy Ritchie im Jahr 2000 in Skibo Castle in den schottischen Highlands.

Neueren Datums ist dagegen die Kritik an besonders extravaganten Prominentenhochzeiten, denen ein vulgärer Charakter vorge-

RECHTS Seine königliche Hoheit Prinz Pavlos von Griechenland heiratet Marie-Chantal Miller, die Duty-free-Erbin, in der griechisch-orthodoxen Kirche in London. Die Braut trug ein Kleid von Valentino, dessen feminine Details ganz dem Traum einer traditionellen Hochzeit entsprechen.

worfen wird. So geschah es etwa beim erneuten Treueschwur der Sängerin Celine Dion und ihres Managers René Angelil im Jahr 2000. Der Ballsaal des Caesar's Palace in Las Vegas wurde im Stil von Tausendundeiner Nacht dekoriert und man gab schätzungsweise 1,5 Millionen Dollar für mehrere Zelte, Zirkusartisten und exotische Tiere aus, die allesamt den Hintergrund für Celine Dion bildeten, als sie auf einer weißen Chaiselongue hereingetragen wurde. Zum Ende der Zeremonie wurde das glückliche Paar gekrönt. Eine andere Hochzeit von zweifelhafter Moral war die US-Fernsehshow *Wer heiratet einen Millionär* im Jahr 2000 in Rupert Murdochs Fox-TV. Die Teilnehmerinnen der Show mussten in Bademode vor Rick Rockwell promenieren, einem angeblichen »Multimillionär«, der die Liebe suchte. Nachdem er seine Wahl getroffen hatte (eine Blondine namens Darva Conger), begegnete sich das Paar vor dem Fernsehaltar tatsächlich zum ersten Mal. Kurz darauf folgte die Annullierung und Rick Rockwell flog als gescheiterter Stand-up-Comedian auf. Was inzwischen zu einem der fragwürdigsten Momente im amerikanischen Fernsehen erklärt worden ist, brachte gleichzeitig eine der höchsten Einschaltquoten, nämlich geschätzte 23 Millionen Zuschauer.

Die Furcht davor, als vulgär abgestempelt zu werden, hat zu bescheideneren Feiern oder dem vollständigen Ausschluss der Medien geführt, wie etwa bei der Hochzeit von Madonna und Guy Ritchie im Jahr 2000. Dies mag auch den neuen Trend schlichter Brautmoden erklären, die den bauschigen, seit den 80ern so dominanten Hochzeitskleidern vorgezogen werden. Eine ähnliche Stimmung wie Anfang der 60er-Jahre wird durch Stile wie die Prinzesslinie und das Futteralkleid neu belebt. Auch die schweren Stoffe, mit denen die architektonische Linie jener Zeit kreiert wurde, erleben eine Art Revival – Duchesse-Satin, gerippte Seide und Brokat. Eine wichtige Modedesignerin des 21. Jahrhunderts ist zweifellos Vera Wang aus New York. Ihr Haus für Brautmoden kommt täglich auf etwa 50 Termine für maßgeschneiderte Couture und verkauft daneben 2000 fertige Kleider zu einem Preis zwischen 2000 und 12 000 Dollar. Sie bevorzugt strenge, schlichte Formen und luxuriöse Materialien, etwa mit Satin unterlegten Organza, und arbeitet nach der Strategie, den traditionellen Brautlook so zu verändern, dass er eine starke sexuelle Wirkung hat.

Selbst königliche Hochzeiten sind in Großbritannien bescheidener geworden. 1999 erschien Prince Edward zu seiner Hochzeit mit Sophie Rhys-Jones zu Fuß. Statt in einer Kutsche oder Limousine vorzufahren, schritt er die Straßen von Windsor entlang und winkte der Menge zu. Und er schuf einen neuen königlichen Präzedenzfall, indem er dafür sorgte, dass die Gäste keine Hüte trugen. Stattdessen entschieden sich viele für unterschiedlichste kleine Kopfbedeckungen mit Federn, die ein Journalist als »kleine Wellensittiche im Haar« beschrieb: »Das war die TV-trächtigste Sache, an der die königliche Familie bisher beteiligt war.«[24] Die Medien betonten, dass es sich hierbei um ein sehr zurückgenommenes königliches Ereignis handelte, und im Vergleich zu früheren Hochzeiten der Royals traf das sicherlich zu. Die britische Komikerin Linda Smith ging sogar so weit, das Ereignis als »eine eher langweilige Hochzeit am Stadtrand«[25] zu beschreiben. Ein Journalist betrachtete es analytischer und behauptete: »Nach einiger Zeit wird die Hochzeit eine unerwartete Bedeutung von lang anhaltender Wirkung bekommen. Man wird sich daran als das erste Anzeichen für einen ganz eigenen, dritten Weg der Windsors erinnern, eine Möglichkeit, die es ihnen erlaubt, im neuen Jahrtausend weiterzuexistieren, ohne auf den Pomp und das Zeremoniell der Zeit vor Diana zurückgreifen zu müssen oder auf die Rad fahrende Queen mit Lockenwicklern – ein Bild der

RECHTS Der Sänger Sting heiratete 1992 Trudie Styler, deren gewaltige viktorianisch anmutende Krinoline in Weiß und Gold zur Mediensensation wurde. Das Kleid von Gianni Versace soll 100 000 Dollar gekostet haben.

Monarchie, das viele Modernisierer bevorzugen. Denn am eindrucksvollsten war die Tatsache, dass der Prinz und seine Braut, die PR-Managerin, es geschafft haben, ein königliches Ereignis von entwaffnender Subtilität und frei von jeder Anmaßung zu gestalten. Ihnen gelang der schwierige Balanceakt zwischen dem Wunsch nach Privatsphäre und der gleichzeitig notwendigen Publicity.«[26]

Das Beispiel der Hochzeit von Edward und Sophie zeigt, dass die Schlichtheit einer Trauzeremonie relativ ist. Die Brautmodenindustrie gehört immer noch zu den größten und mächtigsten Marktkräften der Welt: Jede Stadt besitzt ein Spezialgeschäft für Brautmoden; viele Magazine, wie etwa *People,* haben eine eigene Hochzeitsbeilage; Prominentenhochzeiten bilden einen wesentlichen Themenbereich der populären Presse und viele Filme wie auch Seifenopern sind weiterhin davon besessen. Die sozialen Veränderungen in den späten 90ern, vor allem die wachsende Zahl allein erziehender Mütter, haben wohl doch nicht allzu viel bewirkt. Die britische Journalistin Suzanne Moore hat eine Neudefinition von Begriffen wie Familienleben, Liebe und Ehe gefordert, die um neue Konzepte wie zeitweilige Monogamie erweitert werden müsste: »In dem unvermeidlichen Prozess der Umstrukturierung, den die Familie gerade durchläuft, können sich die Frauen nicht länger auf die alten Verpflichtungen verlassen, die zwar eine Unterdrückung darstellten, jedoch bisher nicht durch neue Pflichten ersetzt wurden. Als Konsequenz haben sich viele Männer grundsätzlich gegen das Familienleben entschieden. Diese Situation ist alles andere als ideal, doch die Zukunft hängt gewiss davon ab, dass wir uns dem heutigen Familienleben mit all seinen Vor- und Nachteilen stellen, statt dass wir uns Märchen über die Vergangenheit hingeben.«[27]

Märchen gibt es jedoch immer noch reichlich. Bezeichnenderweise hat sich die Hochzeit inmitten dieser Krise, inmitten dieses »Geschlechterbebens« einen festen Platz in der Unterhaltungskultur gesichert, den sie solch erfolgreichen Filmen verdankt wie *Das Hochzeitsbankett, Vater der Braut, Muriels Hochzeit. Vier Hochzeiten und ein Todesfall, Die Hochzeit meines besten Freundes* oder *Wedding Planner.* Gleichzeitig, so bemerkt Chrys Ingraham, »... ist es der Filmindustrie gelungen, in die meisten Filme eine Hochzeit einzubauen, auch wenn der Handlungsverlauf wenig damit zu tun hat. *Armageddon* [zum Beispiel] rettet die Welt für zwei Hochzeiten in Weiß. Hochzeiten sind mittlerweile zu einem häufigen Phänomen in der Unterhaltungskultur geworden und bleiben doch unbemerkt.«[28] Ingraham weist darauf hin, dass »der Hochzeitsmarkt 1997 in den USA Umsätze von 32 Milliarden Dollar gemacht hat. Um dies ins richtige Verhältnis zu setzen, sollten wir Folgendes bedenken: Handelte es sich um die Umsätze einer einzigen Gesellschaft, befände sie sich unter den weltweit erfolgreichsten 25 Firmen.«[29]

Im Mittelpunkt der Brautmodenindustrie steht immer noch das traditionelle Brautkleid, das wie ein Baiser aussieht. Es hat inzwischen den Status einer Ikone erreicht und ist immer noch die erste Wahl vieler Bräute überall auf der Welt. Dennoch zeigen neue Trends, dass der allgemeine Körperkult die Form vieler Brautkleider verändert hat. Unser Bedürfnis, fit zu sein und Diät zu halten, hat dem Brautkleid eine Stromlinienform gegeben, das einen Körper sichtbar werden lässt, der durch hartes Fitness-Training perfektioniert wurde. Nun ist es der Körper der Braut, der für das Prestige sorgt und nicht mehr das Kleid. Das innere Korsett der Muskeln verweist auf die Fürsorge eines persönlichen Trainers, Kochs und

GEGENÜBER (Links) Schauspieler und Filmregisseur Clint Eastwood heiratet 1995 zum zweiten Mal: Die Fernsehjournalistin Dina Ruiz ist 35 Jahre jünger als er. Er erscheint im schwarzen Anzug und sie im cremefarbenen Zweiteiler mit breiten Revers. (Rechts) Orianne Cevey in einer perlenbesetzten Robe mit Halterneck von Giorgio Armani und der Sänger Phil Collins heiraten am 24. Juli 1999 in Lausanne.

Diätassistenten. Und das ist es, was heute eine schöne Braut ausmacht, die lieber rechtzeitig ins Fitness-Studio als zum Altar gebracht werden will. Aus diesem Grund befinden sich Designer wie Vera Wang auf dem Höhepunkt ihres Erfolgs, denn sie kreieren schmale, körperumspielende Formen, die die Figur betonen, statt teuren Dekor anzuhäufen. Modische Brautkleider heben mehr und mehr die Sexualität hervor, die in früheren Jahren ein Tabu war, als es um Symbole der Jungfräulichkeit, Reinheit und des Anstands ging. Designer lassen alte Techniken wie den Diagonalschnitt wieder aufleben, um enge, »körperbewusste« Roben zu kreieren, und sie machen sich mit Materialien wie Krepp oder Chiffon und darüber liegendem Georgette die Wirkungen der Transparenz zunutze.

Das Konzept der Ehe wandelt sich ebenfalls. Voreheliche Übereinkünfte zeigen, dass wir nicht länger Partner fürs Leben suchen. Braut und Bräutigam warten länger, ehe sie den großen Schritt wagen. Das durchschnittliche Alter einer Braut beträgt 25 und das eines Bräutigams 26 Jahre – und inzwischen sind 83 Prozent der Bräute berufstätig. Wichtig für die weltweite Brautmodenindustrie ist außerdem, dass beinah die Hälfte aller Hochzeiten schon die zweite ist – trotzdem ist die Hochzeit in Weiß immer noch ein weltweites Phänomen. Doch sogar die zugrunde liegenden Elemente werden in vielen Kulturen neu definiert. In Japan zum Beispiel kostet eine durchschnittliche Hochzeit 26 000 Dollar, obwohl viele bereit wären, deutlich mehr auszugeben. Am Hochzeitstag wechselt die Braut viermal die Kleidung – sie trägt insgesamt zwei Kimonos und zwei westliche Outfits. Es ist nicht ungewöhnlich für Braut und Bräutigam, inmitten dichter Wolken aus Trockeneis zu den Gästen hinunterzusteigen, während der Applaus des Publikums den Eindruck eines Theaterspektakels noch erhöht.

Der angeblich glücklichste Tag in unserem Leben ist vielleicht auch der teuerste. Obwohl die Zahl der gefeierten Hochzeiten zurzeit sehr niedrig ist, boomt das Geschäft mit den Brautmoden. Eine Erklärung dafür lautet, dass man aus weitaus weniger Brautpaaren heute deutlich mehr Geld presst. Den übrigen Märkten geht es ebenfalls gut: sonnengetrocknete Rosenblüten zum Bewerfen des glücklichen Paars; rote herzförmige Etiketten, die man an den Weinflaschen für den Empfang befestigt; persönlich gestaltete Uhren zur Erinnerung; ja sogar Versicherungen, die für Absagen, Beschädigungen der Kleidung und für die Kosten professioneller Betreuung aufkommen, falls die Hochzeit doch nicht stattfindet.

Warum tragen die Frauen in unserer zynischen Zeit nach der Jahrtausendwende dann immer noch weiße Brautkleider? Die Hochzeit repräsentiert eine überkommene Vorstellung der Verbindung zwischen Mann und Frau. Während der Bräutigam im Cutaway mit machtvollen Symbolen der Männlichkeit und gesellschaftlichen Stellung ausgestattet wird, wandelt sich die Braut zum untergeordneten dekorativen Objekt, wird aus dem Autoritätsbereich des Vaters der Sorge des Bräutigams übergeben. Man könnte das Ganze aber auch auf andere Art betrachten: Am Hochzeitstag werden die Männer zu Bürgern zweiter Klasse, während die Frauen eine gesellschaftliche Vorstellung von weiblicher Identität geben. Frauen bekommen die Gelegenheit, eine märchenhafte Rolle anzunehmen: Sie werden für einen einzigen Tag in etwas »anderes« verwandelt. In ihrer narzisstischen Pracht suchen die Frauen die bewundernden Blicke des Publikums und halten sie gefangen, wollen nur ihr eigenes Spiegelbild zurückgeworfen bekommen. Einen besonderen Tag lang heiraten die Frauen vielleicht nur sich selbst.

RECHTS **Beatrice Vincenzini im Jahr 2000 bei Anproben mit der bekannten New Yorker Brautmodendesignerin Vera Wang. Die Braut hatte das Modell in dramatischem Blutrot in Auftrag gegeben, um es beim Dinner nach der Trauzeremonie zu tragen.**

VORHERIGE SEITE (Links) Das Bild dieser Braut, kreiert von Catherine Davighi, mit Punkfrisur und übertriebenem Make-up hat eine starke sexuelle Ausstrahlung, die durch das tiefe Dekolleté und die freien Schultern noch betont wird. (Rechts) Fotograf Stefano Massimo lässt diese romantische Braut vor einem mediterranen Fresko 1989 für das Magazin *Brides* posieren.

OBEN Die Brautmode der 80er ist reich an historischen Zitaten. Spezielle Stilelemente werden zu echten Klassikern, wie etwa die Krinoline oder die dreiviertellangen Ärmel von Lady Diana. Foto: Nick Briggs.

RECHTS In den 80ern wurde viel experimentiert – mit Farben wie mit historischen Stilen. Dieses Modell von Joanne Crossfield in karger Heidelandschaft erinnert an Emily Brontës Roman *Sturmhöhe:* Eine Braut in blauem Samt mit Hammelkeulenärmeln.

VORHERIGE SEITE (Links) Ein Zweiteiler aus blassblauem Taft mit drapiertem Oberteil, hinten am Rock sitzt eine riesige Schleife. Design: Mariage. (Rechts) Eine weite Robe mit schlichtem Halterneck, dazu ein üppiger Brautstrauß mit langen Bändern.

GEGENÜBER Zwei Entwürfe von Lorenzo Riva: ein Futteralkleid mit tiefem rundem Ausschnitt und angesetzter Tüllschleppe und eine reinweiße ärmellose Robe mit faltig gereihtem Rock von beeindruckender Schlichtheit.

OBEN Ein fantasievoller, mit Rosen bedeckter Kopfschmuck von Christian Lacroix für das Frühjahr 1997, dazu ein Schleier mit schwarzer Perlenverzierung. Trotz der reizvollen Wirkung entscheiden sich die meisten Bräute immer noch für den konventionellen weißen Schleier.

VORHERIGE SEITE Verschwommene Geschlechtergrenzen: eine Präsentation zeitgenössischer Modelle von Reem Acra. (Links) Auf den ersten Blick ganz traditionell wirken Brautkleid und Schleier im Stil des 19. Jahrhunderts und daneben der Bräutigam in Cut und Zylinder. Doch die Frisur des Bräutigams ist irritierend feminin. (Rechts) Eine Braut in einer ausgesprochen raffiniert geschnitten Robe, jedoch mit dem klassischen Attribut des Bräutigams, dem Zylinder.

LINKS Eine Modezeichnung von Sharon Cunningham zeigt eine Robe ohne Verzierungen mit trägerlosem Oberteil und vorne flacher Krinoline.

RECHTS Die natürliche Frisur der Braut, ihre bloßen Füße und die Stimmung am Strand bilden einen starken Kontrast zu ihrem ebenso spektakulären wie traditionellen Kleid von Debenhams: ein Oberteil mit Spaghettiträgern und ein weiter Rock mit vielen Schichten Tüll.

VORHERIGE SEITE Drei Bräute und drei sehr unterschiedliche Stile (von Beverley Summers), unter denen eine moderne Braut heute wählen kann. Ein bemerkenswerter Gegensatz: das schulterfreie linke Kleid im Stil der 30er mit Marabufedern und das eher traditionelle »Baiser-Modell«.

LINKS Ein freizügiges Modell von Arkadius für die selbstbewusste Frau des 21. Jahrhunderts. Mit der fantasievoll asymmetrischen Tunika und dem hochgeschlitzten Chiffonrock eignet es sich jedoch eher für den Laufsteg als für die Kirche.

RECHTS Ein Brautkleid im Retro-Look von der italienischen Firma Le Spose di Gió aus Mailand, das mit seiner Formensprache der 50er an Audrey Hepburn erinnert.

VORHERIGE SEITE Ein Foto von Costantino aus dem Jahr 2001 für das Magazin *Wedding Day:* Das lavendelfarbene Kleid enthüllt unter dem gerafften Rock einen dekorativen Unterrock – ein beliebtes Detail aus dem 19. Jahrhundert und den 50ern des 20. Jahrhunderts.

OBEN Ritva Westenius' Design von 1985 orientiert sich am spanischen Flamenco: ein breiter, die Schultern entblößender Ausschnitt mit Aufschlag, angedeutete Hammelkeulenärmel und ein gerüschter Unterrock in mehreren Schichten.

RECHTS Aus Arkadius' Königin-von-Saba-Kollektion stammt dieses Modell mit perfekt geschnittenem Oberteil und einem fließenden Bahnenrock von beinah architektonischer Wirkung.

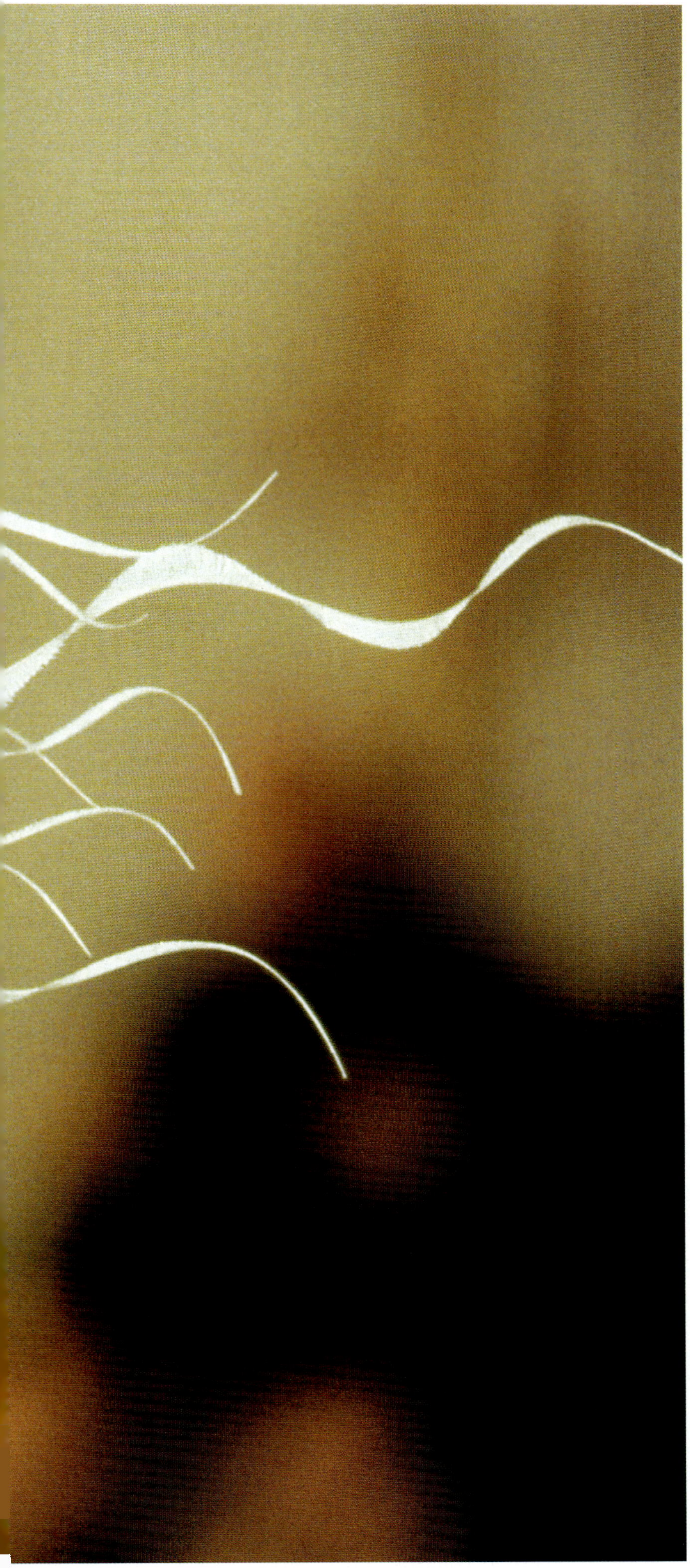

VORHERIGE SEITE (Links) Ein avantgardistisches Design, fotografiert von Giuseppe Bertolucci. Das gewickelte und ballonartig drapierte Kleid besticht durch seine ungewöhnliche Silhouette. (Rechts) Brautkleider der Haute Couture, wie dieses Beispiel von Arkadius, sind meist fantasievolle Gebilde, die das Thema der neuesten Kollektion zum Ausdruck bringen, selten jedoch tragbare Modelle für die Kundinnen.

LINKS UND OBEN Der irische Modist Philip Treacy verwandelt Kopfbedeckungen für Bräute in Kunstobjekte. Seine Modelle der Haute Couture für einen internationalen Kundenkreis tragen seine typische experimentell-theatralische Handschrift. Ob aus Federn, Drahtspiralen oder Stroh, Treacys kurvenreiche Silhouetten überraschen stets durch das Unerwartete.

NÄCHSTE SEITE Mit den traditionellen Materialien der Hutmode kreiert Philip Treacy Designs der Zukunft. Für diese beiden Entwürfe entstand aus Stroh und Federn eine ganz neue Form des Brauthuts. In Treacys Händen werden daraus wahre Skulpturen, deren Wirkung ihre Funktionalität bei weitem übersteigt und die Grenzen der Hutmacherei infrage stellt.

VORHERIGE SEITE Aus der Sincerity-Kollektion 2001 von Sweetheart: Der intensiv blaue Hintergrund verstärkt das Elfenbeinweiß der Kleider. Auf der linken Seite ein Bräutigam im Anzug mit scharfer Bügelfalte und die Braut im trägerlosen Futteralkleid mit integrierter Schleppe. Das Kleid auf der rechten Seite hat einen engen Rock und ein spitz zulaufendes Oberteil mit Spaghetti-trägern. Der angesetzte, vorne und hinten offene Überrock betont die schlanken Linien.

RECHTS Zwei Roben von Cocoe Voci mit ungewöhnlichem Design. (Links) Eine trägerlose Robe mit dreidimensionalen Rosen auf der integrierten Schleppe. (Rechts) Ein Oberteil mit dünnen Spaghettiträgern und Krinoline, darüber feiner Tüll mit verschlungenen Blumenstickereien.

RECHTS Eine Fotoserie von Giuseppe Bertolucci präsentiert Spitzenbrautkleider unkonventionell kombiniert mit Rollerskates und Gummistiefeln.

AF 543

VORHERIGE SEITE Zwei hübsche Roben von Occasions: in Rosa mit Spaghettiträgern und volantbesetztem Ausschnitt und in Flieder mit trägerlosem Oberteil und gerade geschnittenem Rock, dessen Schleppe am Rockbund ansetzt.

LINKS Giorgio Armanis Brautpaar in der Wüste hat Probleme mit dem vom Wind erfassten Schleier. Der Rücken des gerade geschnittenen Brautkleids besticht durch ein großes Guckloch.

VORHERIGE SEITE Elegante Hochzeitsroben der New Yorker Designerin Carolina Herrera. (Links) Eine trägerlose Robe aus elfenbeinfarbenem Seidensatin mit gesticktem Dekor auf dem Oberteil, einem Rock in der A-Linie und einer Schleppe. (Rechts) Dieses ärmellose elfenbeinfarbene Kleid aus Duchesse-Satin mit V-Ausschnitt beeindruckt durch sein besticktes Oberteil mit tiefer Taille.

LINKS UND OBEN Wichtige Momente eines Hochzeitstags wurden hier vom Fotografen Giuseppe Bertolucci festgehalten und zu einer atmosphärischen Geschichte zusammengefügt.

VORHERIGE SEITE (Links) Ein klar geschnittenes Outfit für eine Braut von der Designerin Augusta Jones mit einem Liberty-Bustier und weitem Satinrock, dazu ein türkisch anmutender Kopfschmuck. (Rechts) Für dieses Modell von Vera Wang wurde das Oberteil drapiert und verstärkt. Der Rock in der A-Linie verlängert sich hinten zur Schleppe.

LINKS UND OBEN Giuseppe Bertolucci nutzt das Abendlicht, um die strahlende Wirkung der Bräute einzufangen: ein Mal in einem Kleid mit drapiertem Rock und einem Oberteil mit doppelten Trägern, ein anderes Mal mit Schleier und schlichtem Ausschnitt.

LINKS UND OBEN Brautmoden von Vera Wang, die ihren kompromisslosen Stil deutlich machen. Die schmalen Silhouetten und konturierten Nähte betonen die Körperform, obwohl sie sie verhüllen.

VORHERIGE SEITE Die beinah mythische Figur des amerikanischen Cowboys, eines Outlaws und Außenseiters, war eine beliebte Modeikone des 20. Jahrhunderts, die durch die Popdiva Madonna erst kürzlich wieder zu neuem Leben erweckt wurde. Hier ein Cowboy als Bräutigam im weißen Rüschenhemd, mit Gehrock und weißem Stetson. Die Braut auf der rechten Seite trägt einen strassbesetzten Stetson, Zöpfe und ein Kleid mit Fransen und tiefem V-Ausschnitt am Rücken. Foto: Iain Philpott.

LINKS UND OBEN Heutzutage geht es bei Brautmoden nicht nur um historische Stile, sondern um eine globale Kultur. Folgerichtig finden sich auf diesen Hochzeitsfotos von Iain Philpott auch Requisiten wie die Schneeschuhe der Eskimos. Die Braut auf dem Bild links trägt dekorative Ohrwärmer gegen die Kälte.

CHANEL

VORHERIGE SEITE Fotograf Giuseppe Bertolucci zeigt links eine versonnene Braut mit Melone vor einer Wand mit Fernsehschirmen. Im Kontrast dazu: eine vergnügte Braut, die ausgelassen im Einkaufswagen herumgeschoben wird.

LINKS Das Gesicht avantgardistischer Brautmode. (Links) Ein futuristisches Brautpaar von 2001 aus dem Haus Chanel: Die Braut in einem Kleid in der A-Linie trägt einen viktorianischen Muff mit dem Chanel-Logo, der Bräutigam mit gebleichter Punker-Frisur erscheint im Outfit eines Snowboarders. (Mitte) Diese Braut in Schwarz von Viktor & Rolf ruft viktorianische Trauerkleidung in Erinnerung. Die Aufmerksamkeit richtet sich jedoch vor allem auf den diagonal gemusterten Stoff. (Rechts) Eine Robe von Pierre Balmain mit weiten Tüllärmeln und einem perlenbesetzten, fransigen Rock in der A-Linie.

Bildnachweis

Einführung

SEITE 6–7
Giuseppe Bertolucci
© Giuseppe Bertolucci
Foto Cortopassi

SEITE 8
102 Dalmatians
© Andres Aquino
Fashion Syndicate Press

SEITE 8
102 Dalmatians
© Andres Aquino
Fashion Syndicate Press

SEITE 11
Catherine Davighi
© Catherine Davighi

SEITE 12–13
Christian Dior by John Galliano
© Christian Dior
by Rindoff
Garcia Angeli (Model)

SEITE 15
Kirsty Hume
© Camera Press
by Wattie Cheung

SEITE 15
Kirsty Hume
© Camera Press
by Wattie Cheung

SEITE 16–17
© Popperfoto

SEITE 17
© Popperfoto

SEITE 18
Basia Zarzycka
© Basia Zarzycka
by Massimo Masino

SEITE 21
Christian Lacroix
© Christian Lacroix

SEITE 21
Peter Langner
© Peter Langner

SEITE 22
Ninya Mikhaila für
Kiss the Frog
© Kiss the Frog
by Mikhaila

SEITE 22
Ninya Mikhaila for
Kiss the Frog
© Kiss the Frog
by Mikhaila

Extravagante Brautmode um 1900

SEITE 24–25
© Giuseppe Bertolucci
Foto Cortopassi

SEITE 26
© Condé Nast

SEITE 28
© The Illustrated London
News Picture Library

SEITE 29
© The Illustrated London
News Picture Library

SEITE 30
© Corbis

SEITE 32–33
© Spitzen- und
Kostümmuseum, Brüssel

SEITE 35
© Camera Press
by ILN

SEITE 36
Lorraine Weselby
© Lorraine Weselby

SEITE 39
Ian Stuart
© Whole Resources
(Ian Stuart International)

SEITE 40
Silvia Tcherassi
© Andres Aquino
Fashion Syndicate Press

SEITE 44
Cocoe Voci
© Cocoe Voci

SEITE 45
Tomasz Starzewski
© Tomasz Starzewski

SEITE 46
© Condé Nast

SEITE 46
© Condé Nast

SEITE 47
© Giuseppe Bertolucci
Foto Cortopassi

SEITE 48
Lucia Zanotti
© Atelier Aimée
by Aldo Fallai

SEITE 49
Lucia Zanotti
© Atelier Aimée
by Aldo Fallai

SEITE 50
Chanel
© Frédérique Dumoulin
Devon @ City, Paris (Model)

SEITE 50
Donna Salado
© Donna Salado
by Steve Haddocks

SEITE 51
© Condé Nast

SEITE 51
Coleman Douglas Pearls
© Christianne Douglas
by Michelle Jorsling
Natasha Douglas (Model)

SEITE 52
Cocoe Voci
© Cocoe Voci

SEITE 53
Lorenzo Riva
© Courtesy Vogue Sposa
by Avi Meroz

SEITE 54
Reem Acra
© Ruven Afanador

SEITE 54
Vivienne Westwood
© Nick Towers

SEITE 55
Luisa Beccaria
© Luisa Beccaria

SEITE 55
Luisa Beccaria
© Luisa Beccaria

SEITE 56
Ian Stuart
© Whole Resources
(Ian Stuart International)

SEITE 57
Ian Stuart
© Whole Resources
(Ian Stuart International)

SEITE 58
Chantal Mallett
© Chantal Mallett

SEITE 59
Ritva Westenius
© Ritva Westenius
Couture

SEITE 60
Jesus Peiro
© Jesus Peiro

SEITE 61
Jesus Peiro
© Jesus Peiro
by Outomuro

SEITE 62
Allison Blake
© Allison Blake

SEITE 63
Maggie Sottero
© Maggie Sottero Bridal
The Bridal Co. Ltd.

SEITE 64
Ani Alvarez Caldéron
© Andres Aquino
Fashion Syndicate Press

SEITE 65
Jesus Peiro
© Jesus Peiro
by Artur Lleio

SEITE 66–67
© Giuseppe Bertolucci
Foto Cortopassi

Der Flapper-Look

SEITE 68–69
© Giuseppe Bertolucci
Foto Cortopassi

SEITE 70
© Popperfoto

SEITE 73
© Popperfoto

SEITE 73
© Popperfoto

SEITE 74
© Condé Nast

SEITE 77
© The Illustrated London
News Picture Library

SEITE 78
© Corbis

SEITE 81
© Hulton-Deutsch
Collection/Corbis

SEITE 81
© The Illustrated London
News Picture Library

SEITE 82
© Popperfoto

SEITE 83
© Popperfoto

SEITE 83
© Popperfoto

SEITE 84
© Popperfoto

SEITE 84
© Popperfoto

SEITE 85
© Popperfoto

SEITE 87
Arkadius
© Arkadius
by Carlos Graça

SEITE 88
Vera Wang
© Vera Wang

SEITE 89
Vera Wang
© Vera Wang

SEITE 90
Jean Paul Gaultier
© 2001.Style.com
Alle Rechte vorbehalten.

SEITE 91
Giorgio Armani
© Giorgio Armani
by Paolo Roversi

SEITE 92
Cocoe Voci
© Cocoe Voci

SEITE 93
© Condé Nast

SEITE 94–95
Luisa Beccaria
© Luisa Beccaria
by Manuela Pavesi

SEITE 96
Visions by Jim Hjelm
© JLM Europe Ltd.

SEITE 97
Sharon Cunningham
© Sharon Cunnigham
Couture

SEITE 98
© Condé Nast

SEITE 99
© Condé Nast

SEITE 100
Stephanie Allin
© One and Only
by Ian Boddy
Camilla Ridd (Model)

SEITE 100
Caroline Holmes
© Jean-Paul Froget

SEITE 101
Caroline Holmes
© Jean-Paul Froget

SEITE 102–103
Giorgio Armani
© Giorgio Armani
by Ellen von Unwerth

SEITE 104–105
Vera Wang
© Vera Wang
Dawning @ Ford NY

SEITE 106
Ian Stuart
© Whole Resources
(Ian Stuart International)

SEITE 107
© Giuseppe Bertolucci
Foto Cortopassi

SEITE 108–109
© Giuseppe Bertolucci
Foto Cortopassi

SEITE 110
Peter Langner
© Peter Langner

SEITE 111
Sharon Cunningham
© Sharon Cunningham
Couture

SEITE 112
Versace
© Camera Press
by B. Coster

SEITE 113
Versace
© Camera Press
by B. Coster

Kriegsbedingte Beschränkungen und bauschiger New Look

SEITE 114–115
© Giuseppe Bertolucci
Foto Cortopassi

SEITE 116
© Hulton Archive

SEITE 119
© Hulton Archive
by Fred Ramage

SEITE 120
© The Illustrated London
News Picture Library

SEITE 123
© Popperfoto

SEITE 124
© Popperfoto

SEITE 127
© The Ronald Grant
Archive

SEITE 128
© Camera Press
by Rizzoli

SEITE 129
© Camera Press
by Rizzoli

SEITE 130
© Bettmann/Corbis

SEITE 133
© Popperfoto

SEITE 133
© Popperfoto

SEITE 134
© MPTV.net

SEITE 134
© The Ronald Grant Archive

SEITE 136
© Camera Press
by D/D

SEITE 137
© Camera Press
by C. Beaton

SEITE 138
Vera Wang
© Vera Wang
Dawning @ Ford NY

SEITE 139
Debenhams
© Debenhams

SEITE 140
Thierry Mugler
© Thierry Mugler

SEITE 141
© Camera Press
by SUS

SEITE 142
Sharon Cunningham
© Sharon Cunningham
Entwurf von Barry McCall
Alison Canavan (Model)

SEITE 143
Ian Stuart
© Whole Resources
(Ian Stuart International)

SEITE 144
Caroline Holmes
© Jean Paul Froget

SEITE 145
© Hulton-Deutsch
Collection/Corbis

SEITE 146–147
Cocoe Voci
© Cocoe Voci

SEITE 148
Peter Langner
© Peter Langner

SEITE 149
Peter Langner
© Peter Langner

SEITE 150
Carolina Herrera
© Ruven Afanador

SEITE 151
Carolina Herrera
© Ruven Afanador

SEITE 152
© Condé Nast

SEITE 153
Irresistible Headdresses
© Irresistible Headdresses
by David Thom-Wimbledon

SEITE 154–155
© Giuseppe Bertolucci
Foto Cortopassi

SEITE 156
Caroline Holmes
© Jean-Paul Froget

SEITE 156
© Condé Nast

SEITE 157
Emanuel Ungaro
© 2001.Style.com
Alle Rechte vorbehalten.

SEITE 158
© Condé Nast

SEITE 159
© Condé Nast

SEITE 160
Sarmis
© Design Portfolio
by Mike Owen

SEITE 161
Sarmis
© Design Portfolio
By Mike Owen

SEITE 162
Visions by Jim Hjelm
© JLM Europe Ltd.

SEITE 163
Augusta Jones
© Cogrut Hong Ltd.

SEITE 164
© Camera Press
by M. Stewart

SEITE 164
© Camera Press
by M. Stewart

SEITE 165
Louis Di Carlo
© Andres Aquino
Fashion Syndicate Press

SEITE 167
Christian Dior
© Christian Dior

SEITE 166
Vogue 1958
© Norman Parkinson

SEITE 168
© 2001 Mattel Inc.
Alle Rechte vorbehalten. Barbie ®
and associated trademarks are
owned by and used with
permission from Mattel

SEITE 169
© 2001 Mattel Inc.
Alle Rechte vorbehalten. Barbie ®
and associated trademarks
are owned by and used with
permission from Mattel

SEITE 170
Visions by Jim Hjelm
© JLM Europe Ltd.

SEITE 171
Visions by Jim Hjelm
© JLM Europe Ltd.

SEITE 172
Caroline Holmes
© Jean-Paul Froget

SEITE 173
Caroline Holmes
© Jean-Paul Froget

SEITE 174–175
© Giuseppe Bertolucci
Foto Cortopassi

SEITE 176
Caroline Holmes
© Jean-Paul Froget

SEITE 177
Christian Dior
© Christian Dior

SEITE 178
Beverly Lister
© Graham Carlow

SEITE 179
Beverly Lister
© Graham Carlow

SEITE 180
Sarmis
© Design Portfolio
by Mike Owen

SEITE 181
Sarmis
© Design Portfolio
by Mike Owen

SEITE 182
Alan Hannah
© Alan Hannah

SEITE 182
Alan Hannah
© Alan Hannah

SEITE 183
Alan Hannah
© Alan Hannah

SEITE 184
Occasions by Jim Hjelm
© JLM Europe Ltd.

SEITE 185
Occasions by Jim Hjelm
© JLM Europe Ltd.

»Counterculture-Chic«

SEITE 186–187
© Giuseppe Bertolucci
Foto Cortopassi

SEITE 188
© Camera Press
by Cecil Beaton

SEITE 191
© Camera Press
by B. Aris

SEITE 194
© Popperfoto

SEITE 197
© Popperfoto/Reuters
by Jim Bourg

SEITE 198–199
© Camera Press
by D. Nutter

SEITE 200
© Popperfoto

SEITE 201
© Popperfoto

SEITE 202
© Popperfoto

SEITE 204
© Popperfoto

SEITE 206–207
© Popperfoto

SEITE 208
© Popperfoto

SEITE 210
© Camera Press
by The Sun

SEITE 211
© Camera Press
by T. Manley

SEITE 212
© Condé Nast

SEITE 212
© Camera Press
by R. Relang

SEITE 213
© Condé Nast

SEITE 213
© Condé Nast

SEITE 214
© Camera Press
by Brigitte

SEITE 215
© Condé Nast

SEITE 216
© Condé Nast

TITELSEITE & SEITE 217
© Spitzen- und
Kostümmuseum, Brüssel
by Y. Peeters für
Vive la Mariée

SEITE 218
© The Ronald Grant Archive

SEITE 219
Arkadius
© Arkadius
by Carlos Graça

SEITE 220
DKNY
© 2001.Style.com
Alle Rechte vorbehalten.

SEITE 221
Heather Jones
© Andres Aquino
Fashion Syndicate Press

SEITE 222
© Condé Nast

SEITE 223
Laura Ashley
© Laura Ashley Limited

Moderne Märchen

SEITE 223
Laura Ashley
© Laura Ashley Limited

SEITE 224–225
© Condé Nast

SEITE 226
© Condé Nast

SEITE 227
Giorgio Armani
© Giorgio Armani
by Albert Watson

SEITE 228
© Giuseppe Bertolucci
Foto Cortopassi

SEITE 229
© Giuseppe Bertolucci
Foto Cortopassi

SEITE 230
Christian Dior
© Christian Dior

SEITE 231
© Condé Nast

SEITE 232
Lourdes Atencio
© Andres Aquino
Fashion Syndicate Press

SEITE 233
Lorenzo Riva
© Avi Meroz
Courtesy Vogue Sposa

SEITE 234
Cocoe Voci
© Cocoe Voci

SEITE 235
Cocoe Voci
© Cocoe Voci

SEITE 236
Betsey Johnson
© Andres Aquino
Fashion Syndicate Press

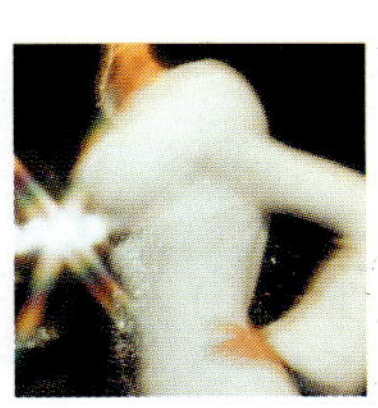

SEITE 237
Arkadius
© Arkadius
by Carlos Graça

SEITE 238–239
© Giuseppe Bertolucci
Foto Cortopassi

SEITE 240
© Chris Lisle/Corbis

SEITE 243
Tomasz Starzewski
courtesy Alex Montenegro

SEITE 244
Lindka Cierach
© The Sun

SEITE 246
Basia Zarzycka
© Basia Zarzycka
by Massimo Marino

SEITE 248
© Camera Press
by L. Smillie

SEITE 249
© Joth Shakerley

SEITE 251
Vivienne Westwood
© Nick Towers

SEITE 252
© Popperfoto/Reuters

SEITE 253
Valentino
© Popperfoto/Reuters

SEITE 255
Versace
© Camera Press
by R. Open

SEITE 256
Nino & Julian Cerruti
© Cerruti

SEITE 256
Giorgio Armani
© Giorgio Armani

SEITE 259
Vera Wang
© Mills @ Astrogirl
Productions NY

SEITE 260
Catherine Davighi
© Catherine Davighi

SEITE 261
© Condé Nast
by Stefano Massimo

SEITE 262
© Condé Nast
by Nick Briggs

SEITE 263
Joanne Crossfield
© Joanne Crossfield
by Andrew Wilson Young

SEITE 264
Mariage Alta Moda Sposa
© Aldo Fallai
Courtesy Vogue Sposa

SEITE 265
Christina Perrin
© Andres Aquino
Fashion Syndicate Press
Carmen Kass (Model)

SEITE 266
Lorenzo Riva
© Avi Meroz
Courtesy Vogue Sposa

SEITE 266
Lorenzo Riva
© Avi Meroz
Courtesy Vogue Sposa

SEITE 267
Christian Lacroix
© 2001.Style.com
Alle Rechte vorbehalten.

SEITE 268
Reem Acra
© Ruven Afanador

SEITE 269
Reem Acra
© Ruven Afanador

SEITE 270
Sharon Cunningham
© Sharon Cunningham
Couture

SEITE 271
Debenhams
© Debenhams

SEITE 272–273
Beverley Summers
© Beverley Summers
by Kevin Peschke

SEITE 274
Arkadius
© Arkadius
by Suresh Karadia

SEITE 275
Le Spose di Gió®
© Le Spose di Gió®

SEITE 276–277
Basia Zarzycka
© Costantino Ruspoli
für Wedding Day Magazine
Styling Liz Savage

SEITE 278
Ritva Westenius
© Ritva Westenius

SEITE 279
Arkadius
© Arkadius
by Carlos Graça

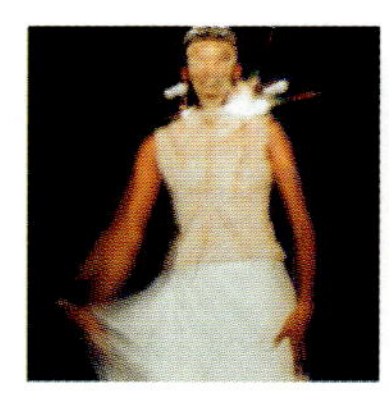

INHALT & SEITE 280
© Giuseppe Bertolucci
Foto Cortopassi

SEITE 281
Arkadius
© Arkadius
by Suresh Karadia

SEITE 282
Philip Treacy
© Philip Treacy

SEITE 283
Philip Treacy
© Philip Treacy

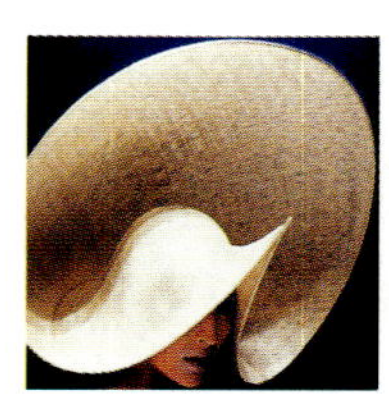

SEITE 284
Philip Treacy
© Philip Treacy

SEITE 285
Philip Treacy
© Philip Treacy

SEITE 286
Ian Stuart
© Whole Resources
(Ian Stuart International)

SEITE 287
Ian Stuart
© Whole Resources
(Ian Stuart International)

SEITE 288
Cocoe Voci
© Cocoe Voci

SEITE 289
Cocoe Voci
© Cocoe Voci

SEITE 290
© Giuseppe Bertolucci
Foto Cortopassi

SEITE 291
© Giuseppe Bertolucci
Foto Cortopassi

SEITE 292
Occasions by Jim Hjelm
© JLM Europe Ltd.

SEITE 293
Occasions by Jim Hjelm
© JLM Europe Ltd.

SEITE 294–295
Giorgio Armani
© Giorgio Armani
by Ellen von Unwerth

SEITE 296
Carolina Herrera
© Ruven Afanador

SEITE 297
Carolina Herrera
© Ruven Afanador

SEITE 298–299
© Giuseppe Bertolucci
Foto Cortopassi

SEITE 300
Augusta Jones
© Cogrut Hong Ltd.
by Rosa Tseng

SEITE 301
Vera Wang
© Vera Wang

SEITE 302
© Giuseppe Bertolucci
Foto Cortopassi

SEITE 303
© Giuseppe Bertolucci
Foto Cortopassi

SEITE 304
Vera Wang
© Vera Wang
Dawning @ Ford NY (Model)

SEITE 305
Vera Wang
© Vera Wang
Dawning @ Ford NY (Model)

SEITE 306
© Iain Philpott
für *You & Your Wedding Magazine*

SEITE 307
© Iain Philpott
für *You & Your Wedding Magazine*

SEITE 308
© Iain Philpott
für *You & Your Wedding Magazine*

SEITE 309
© Iain Philpott
für *You & Your Wedding Magazine*

SEITE 310
© Giuseppe Bertolucci
Foto Cortopassi

SEITE 311
© Giuseppe Bertolucci
Foto Cortopassi

SEITE 312
Chanel
© Shoot Digital Emiliano Grassi
Devon @ City, Paris
Przemko @ Next, Paris

SEITE 312
Viktor & Rolf
© 2001.Style.com
Alle Rechte vorbehalten.

SEITE 313
Pierre Balmain
© 2001.Style.com
Alle Rechte vorbehalten.

SEITE 314–315
© Joth Shakerley

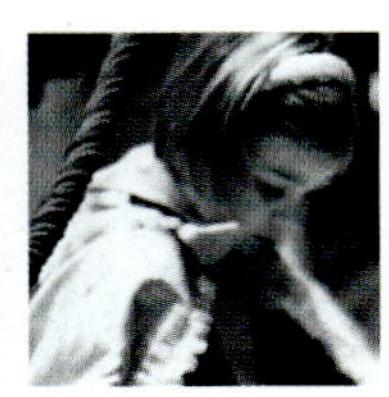

SEITE 326
© Joth Shakerley

Adressen

Designers

Reem Acra
245 Seventh Avenue
Suite 6B, New York
Tel: 001-212-414 0980

Giorgio Armani
Via Sant' Andrea 9,
Mailand
Tel: 0039-2-7600 3234
www.giorgioarmani.com

Atelier Aimée
Via Montenapoleone 27/E
Mailand
Tel: 0039-2-799 300
bei Exklusiv Atelier Aimée
Mannheim
Tel: 0621-291145
www.aimee.it

Luisa Beccaria
Via Formentini 1
Mailand
Tel: 0039-2-8646 0018

Manolo Blahnik (Schuhe)
Quartier 206
Friedrichstr. 17
10117 Berlin
Tel: 030-209 464 40

Allison Blake Designs
116 St Mary's Road
London SE15
Tel: 0044-20-7732-9322
allisonblake.com

Cerruti
3, Place de la Madelaine
75008 Paris
Tel: 033-1-5330 1881
www.cerruti.net

Chanel
Fasanenstr. 30
10719 Berlin
Tel: 030-886 14 24
Briennerstr. 10
80333 München
Tel: 089-283637
www.chanel.com

Jimmy Choo (Schuhe)
bei Anena
Königsallee 28–30
40212 Düsseldorf
Tel: 0211-327303
www.jimmychoo.com

Christiana Couture
53, Moreton Street
London SW1
Tel:0044-20-7976 5252
www.christianacouture.com

Lindka Cierach
The Studio
1C Clareville Grove
London SW7
Tel: 0044-20-7373-3131

Cocoe Voci
185, North Robertson Boulevard
Beverly Hills
California
Tel: 001-310-360-0287

Jo-Ann Crossfield
Park View
11, Clarence Road
Burbage
Hinckley
Leicester LE 10
Tel: 0044-1455-891889
xfield.demon.co.uk

Neil Cunnigham
28, Sackville Street
London W1
Tel: 0044-20-7437 5793
www.neilcunningham.com

Sharon Cunningham Couture
20, Quebec Street
London W1
Tel: 0044-20-7724 7002
www.sc-couture.co.uk

Catherine Davighi
121 Adnitt Road
Northampton
Tel: 0044-1604-604122
catherinedavighi.com

Debenhams
Tel: 0044-20-7408-4444
www.debenhams.com

Christian Dior
30, Avenue Montaigne
75008 Paris
Tel: 0033-1-4073 5444
www.dior.com

Coleman Douglas Pearls
97B Drayton Gardens
London SW10
Tel: 0044-20-7373-3369

Donna Karan
Quartier 206
Friedrichstr. 17
10117 Berlin
Tel: 030-209 46010
www.donnakaran.com

Egon von Fürstenberg Couture
Via Belsiana 5/6
00187 Rom
Tel: 0039-6-6992 3720

Gina (Schuhe)
189, Sloane Street
London SW1
Tel: 0044-20-7235 2932

Suzanne Glenton
Tel: 0044-20-7978 1010

Alan Hannah
7A Chaseside Works
Chelmsford Rd.
Southgate
London N14
Tel: 0044-20-8882 0007
www.alanhannah.co.uk

Carolina Herrera
954 Madison Avenue
New York
Tel: 001-212-249 6552
www.carolinaherrera.com

Jim Hjelm
501 7th Avenue
Suite 1014
New York
Tel: 1-800-686-7880
www.jimhjelm.com

Caroline Holmes
176, Walton Street
London SW3
Tel: 0044-20-7823 7678

Emma Hope
bei Anena
Königsallee 28–30
40212 Düsseldorf
Tel: 0211-327303

Irresistible (Kopfbedeckungen)
Valtony Loxwood Road
Plaistow Billingshurst
West Sussex
RH14
Tel: 0044-7403-871 449

Cosmo Jenks (Kopfbedeckungen)
Tel: 0044-20-7823 9758

Augusta Jones
Tel: 0044-1903-817 163
bei Talamanga Brautatelier
Villa Westfalendamm 172
44141 Dortmund
Tel: 0231-525243
augustajones.com

Yumi Katsura
907, Madison Avenue
New York
Tel: 001-212-772 3760
www.yumikatsura.com

Romona Keveza
Tel: 001-212-273 1113
www.romonakeveza.com

Kiss The Frog
Mill Lane Studio
Mill Lane
Godalming, Surrey GU7
Tel: 0044-1483-416 406

Christian Lacroix
73, Faubourg Saint Honoré
Paris
Tel: 0033-1-4268 7900
www.christian-lacroix.fr

Peter Langner
Viale Parioli 63
Rom
Tel: 0039-6-807 8228
www.peterlangner.com

Yves Saint Laurent
5, Avenue Marceau
Paris
Tel: 0033-1-4431 6417
www.yslonline.com

Philippa Lepley
494 Fulham Road
London SW6
Tel: 0044-20-7386 0927

Monique Lhuillier
9609 South Santa Monica Boulevard
Beverly Hills, California
Tel: 001-310-550 3388
www.moniquelhuillier.com

Beverly Lister
11, Addison Road
Guilford, Surrey GU1
Tel: 0044-1483-535618
www.beverlylister.co.uk

Chantal Mallett
The Forge
10, Marsworth Road
Pitstone, Leighton Buzzard
Tel: 0044-1296-661296
www.chantal.co.uk

Mariage
Piazza Goldoni 2
Palazzo Ricasoli
Florenz
Tel: 0039-55-2382677
www.mariage.it

Badgley Mischka
Tel: 001-310-248 3750

Helen Morley
226 West 34th street
New York
Tel: 001-212-594 6404
www.helenmorley.com

Suzanne Neville
44, High Street
Harrow on the Hill
Middlesex HA1 3LL
Tel: 0044-20-8423 3161

One & Only
Designed by Stephanie Allin
81, Newton Rd.
Mumbles, Swansea
SA3 4BN
Tel: 0044-1792-361477

Bruce Oldfield
27, Beauchamp Place
London SW3
Tel: 0044-20-7584 1363

Stewart Parvin
14, Motcomb Street
London SW1
Tel: 0044-20-7235 1125

Jesus Peiro
Roger 65-67,
08028 Barcelona, Spain
Tel: 0034-3-490 87 87

Lorenzo Riva
Via Brera 7
Mailand
Tel: 0039-2-877 872
www.lorenzoriva.it

Michelle Roth
24th West 57th st.
Suite 203
New York
Tel: 001-212-245 3390
michelleroth.com

Donna Salado
28-30 Abbington Avenue
Northampton NN1
Tel: 0044(0)1604-792869
bei Lautenbacher
Hannstetter Str. 49
86161 Augsburg
donnasaladobridalwear.com

Le Spose di Gió ®
Via Italia, 40
Monza (Mailand)
Tel: 0039-39-322 437
www.le-spose-di-gio.com

Tomasz Starzewski
14, Stanhope Mews West
London SW7
Tel: 0044-20-7244 6138

Soie Même
76, Belsize Park Gardens
London NW3
Tel: 0044-20-7483 3843

Philip Treacy (Modist)
69, Elizabeth Street
London SW1
Tel: 0044-20-7259 9605
www.philiptreacy.co.uk

Emanuel Ungaro
2, Avenue Montaigne
Paris
Tel: 0033-1-5357 0000

Valentino Couture
Piazza Mignanelli 22,
Rom
Tel: 0039-6-67391
www.valentino.it

Versace
Kurfürstendamm 185
10707 Berlin
Tel: 030-885 74 60
Odeonsplatz
80539 München
Tel: 089-2856
www.versace.com

Amanda Wakeley Sposa
80, Fulham Road
London SW3
Tel: 0044-20-7590 9105

Catherine Walker
46, Fulham Road
London SW3
Tel: 0044-20-7581 8811

Vera Wang
991, Madison Avenue
New York
Tel: 001-212-628-3400
www.verawang.com

Arkadius Weremczuk
41, Brondesbury Rd
London NW6
Tel: 0044-20-7371 9203

Ritva Westenius
28, Connaught Street
London W1
Tel: 0044-20-7706 0708
www.ritvawestenius.com

Vivienne Westwood
6, Davies Street
London W1Y
Tel: 0044-20-7629 3757
bei Eggeringhaus
Türkenstr. 36
80799 München
Tel: 089-283972
www.viviennewestwood.com

Basia Zarzycka
52, Sloane square
London SW1
Tel: 0044-207-730 1660
www.basia-zarzycka.co.uk

Beauty

Afrodite
Hohenzollerndamm 187
10713 Berlin
Tel: 030-862 071 70
www.afrodite-center.de

Styling & More
Eveline Held
82256 Fürstenfeldbruck
Tel: 0172-8911 969
www.hochzeitsfrisuren.de

Internet

www.alacarte-stuttgart.de
Einladungs- und Menükarten

www.alexismarriage.com
Brautmode

www.appassionata.org
Brautmode

www.bestwedding.ch

www.bomboniere-jolie.de

www.brautmoden.com

www. creativhochzeit.de

www.divinasposa.fr
Brautmode

www.emeliecosta.com
Brautmode

www.fantasy-pastry.com
Kuchen und Buffets

www.get2gether-wedding.de

www. guxme.de

www.hervemarriage.com
Brautmode

www.hochzeitslinks.de

www.hochzeitspartner.com
Bezugsquellen

www.Hochzeitsshop-forever.de

www.hochzeitstraum.de
Service

www.leijtencreations.com
Brautmode

www.lilly.de
Brautmode

www.lohrengel.com
Brautmode

www.meisterschmuck.com
Trauringe

www.mystar.de
Bennen Sie e nen Stern zur Hochzeit

www.Oldtimervermietung.de
Bundesweite Autovermietung

www.palomablanca.com
Brautmode

www.prinz-for-princess.de
Stoffe

www.pronovias.com
Brautmode

www.pronuptia.com
Brautmode

www.schmuck.ch
Trauringe

www.rembo-styling.com
Brautmode

www.rhomberg.de
Trauringe

www.sanpatrick.com
Brautmode

www.tinarainbow.de
Schuhe

www.trauring.de

www.villais.com
Brautmode

www.walterliving.de
Der virtuelle Hochzeitstisch

www.wedding-day.ch

www.weddingdesign.com
Brautmode

www.x-mas-cards.com
Hochzeitskarten

Organisation

Beautiful Day
Seybothstr. 3
81545 München
Tel: 089-6425 4850
www.beautiful-day.de

Der Hochzeiter
Organisation von A–Z
13465 Berlin
Tel: 030-406 377 76
www.derhochzeiter.de

Love & Marriage
Königsallee 102
40215 Düsseldorf
Tel: 0211/157 64 40
www.loveandmarriage.de

The Wedding Company
Luisenstr. 62
80798 München
Tel: 089-6510 2630
www.wedding-company.de

Torten

Werntges Traumtorten
Hufergasse 17
45239 Essen
Tel: 0201-490 10 05
www.traumtorten.de

Kuchenkunst
Braunweilerweg 32
50933 Köln
Tel: 0221-486152

Autos

Dream Cars
Steinäckerstr. 3/1
71642 Ludwigsburg
Tel: 07141-51813
www.oldtimer-vermieter.de

Hochzeitsfahrten mit Chauffeur
Im Erlich 123
67346 Speyer
Tel: 06232-40907
www.messe-speyer.de

Hochzeitsfahrten mit Chauffeur
Im Weiher 133
69121 Heidelberg
Tel: 0172-621 91 96
www.chauffeurfahrten.com

Hollywood Cars
Rheinstr. 103
55116 Mainz
Tel: 06131-226472

Lange Autos für lange Ehen
82064 Straßlach
Tel: 08170-997245
www.limorent.de

Limousinenservice Kurth
13403 Berlin
Tel: 030-4989 3316
www.brautwagen.de

Foto & Video

New Art of Multimedia
bundesweite Foto- und Videoproduktion
Tel: 0800-777 77 47
www.hochzeits-video-foto.de

Fußnoten

Einführung

1 Charles Dickens: *Great Expectations [Große Erwartungen]*, London, 1994, S. 87
2 Lawrence Langner: *The Importance of Wearing Clothes [Vom Sinn und Unsinn der Kleidung]*, London, 1959, S. 158
3 Chrys Ingraham: *White Weddings: Romancing Heterosexuality in Popular Culture* [Hochzeiten in Weiß: Die Romantisierung der Heterosexualität in der Popkultur], London, 1999, S. 23
4 Guy Debort: *The Society of the Spectacle [Die Gesellschaft des Spektakels]*, New York, 1995, S. 12
5 Professor Adrian Thatcher in James Meek: *»Weddings Can Wait, Claims Theologian«* [»Hochzeiten können warten, fordert der Theologe«], *The Guardian* (4. September 1999)
6 Melissa McBride-Mellinger: *The Wedding Dress* [Das Hochzeitskleid], New York, 1993, S. 18
7 Margaret Visser: *The Way We Are* [So, wie wir sind], London, 1997, S. 7
8 Elizabeth Laverack: *With This Ring: 100 Years of Marriage* [Mit diesem Ring: 100 Jahre Hochzeiten], London, 1979, S. 127
9 Anthea Jarvis: Brides: *Wedding Clothes and Weddings Customs 1850–1980* [Bräute: Hochzeitskleider und Hochzeitsbräuche], Merseyside County Council Museums, 1983, S. 2
10 Shane White und Graham White: *Stylin': African American Expressive Culture from Its Beginnigs to the Zoot Suit* [Stylin': Afrikanisch-amerikanische expressive Kultur von den Anfängen bis zum ‚Zoot Suit'], Ithaca, 1998, S. 32
11 Ebenda, S. 32
12 Laverack, S. 44
13 Jarvis, S. 3
14 *Tatler* (30. Juni 1877) in Laverack, S. 37
15 Nigel Arch und Joanna Marschner: *The Royal Wedding Dresses* [Die Brautkleider der Royals], London, 1990, S. 12
16 Ingraham, S. 9
17 Simon R. Charsley: *Rites of Marrying: The Wedding Industry in Scotland* [Hochzeitsriten: Die Hochzeitsindustrie in Schottland], Manchester, 1991, S. 69
18 Naomi Wolf: *Promiscuities: A Secret History of Female Desire [Vom Ende der Unschuld oder das Sexuelle Drama, eine Frau zu werden]*, London, 1998, S. 231
19 Ingraham, S. 162

Extravagante Brautmode um 1900

1 Ambrose Bierce: *The Devil's Dictionary [Aus dem Wörterbuch des Teufels]*, 1911 in http://www.starlingtech.com/quotes/qsearch.cgi
2 *Ladies' Home Journal* [Heimjournal für die feine Dame] (1890) in McBride-Mellinger, S. 27
3 Jarvis, S. 9
4 Pauline Stevenson: *Bridal Fashions* [Brautmoden], London,1978, S. 10
5 Ebenda, S. 13
6 Kathy Peiss: *Hope in a Jar: The Making of America's Beauty Culture* [Hoffnung im Einmachglas: Die Entstehung der amerikanischen »Beauty Culture«], New York, 1998, S. 25
7 Stevenson, S. 9
8 Ebenda, S. 13
9 Gail McColl und Carol McD. Wallace: *To Marry an English Lord: The Victorian and Edwardian Experience* [Hochzeit mit einem englischen Lord: Erfahrungen im Viktorianismus und in der Zeit um 1900], London, 1989, S. 71
10 Ebenda, S. 170
11 Isabel A. Mallon: *»The Art of Dressing a Bride«* [»Von der Kunst, eine Braut einzukleiden«] in *Ladies' Home Journal* [Heimjournal für die feine Dame] (März 1894)
12 Lucile in Adburgham, S. 246
13 Lady Violet Hardy: *As It Was* [So, wie es war], London, 1958, S. 85
14 Madeleine Ginsburg: *Wedding Dress 1740–1970* [Das Hochzeitskleid 1740–1970], London: Victoria and Albert Museum, 1981, S. 38
15 Ebenda, S. 16
16 Arch und Marschner, S. 106
17 Ginsburg, S. 1
18 Princess Marie of Edingburgh in Arch und Marschner, S. 90
19 Laverack, S. 47
20 Jane Beckett und Deborah Cherry: *The Edwardian Era* [Die »Edwardian Era«], London, 1987, S. 78
21 Hardy, S. 79
22 Beckett und Cherry, S. 76
23 In Rowbotham, S. 7
24 Ebenda, S. 7–8
25 Steve Humphries: *A Secret World of Sex* [Eine geheime Welt des Sex], London, 1988, S. 96
26 Ebenda, S. 96
27 Ebenda, S. 97
28 Avril Lansdell: *Wedding Fashions 1860–1980* [Brautmoden 1860–1980], o. O.,1983, S. 40
29 John Berger: *About Looking* [Über das Sehen], London, 1980, S. 30
30 Ebenda, S. 33
31 Winifried Foley in Colin McDowell: *The Literary Companion to Fashion* [Das literarische Handbuch zur Mode], London, 1995, S. 312
32 George Moore in Elizabeth Wilson und Lou Taylor: *Through the Looking Glas: A History of Dress from 1860 to the Present Day* [Im Spiegel betrachtet: Eine Geschichte der Kleidung von 1860 bis heute], London, 1989, S. 50
33 Jarvis, S. 11
34 *Vogue* (1917) in Christina Probert: *Brides in Vogue Since 1910* [Bräute in der Vogue seit 1910], London, 1984, S. 8
35 Beckett und Cherry, S. 7
36 Kate Caffrey: *The Edwardian Lady* [Die englische Lady um 1900], London, 1976, S. 9

Der Flapper-Look

1 Dorothy Parker: *»The Satin Dress«* [»Das Satinkleid«] (1928) in *The Best of Dorothy Parker*, London, 1950, S. 32
2 Judith Watt (Hrsg.): *The Penguin Book of Twentieth-Century Fashion Writing* [Das Penguin-Buch zu Texten über Mode im 20. Jahrhundert], London, 1999, S. 77
3 Valerie Steele: *Paris Fashion* [Pariser Mode], New York, 1988, S. 247
4 Molly Haskell: *From Reverence to Rape: The Treatment of Women in the Movies* [Von der Verehrung zur Vergewaltigung: Die Behandlung von Frauen im Film], New York, 1974, S. 78
5 Stuart und Elizabeth Ewen: *Channels of Desire: Mass Images and the Shaping of American Consciousness* [Kanäle der Sehnsucht: Massenbilder und die Schaffung des amerikanischen Bewusstseins], Minneapolis, 1992, S. 172
6 Lucile in Watt, S. 45
7 Antoine in *Antoine by Antoine* [Antoine von Antoine], London, 1946, S. 46
8 Winifred Holtby: *Women* [Frauen], London, 1934, S. 44
9 Humphries, S. 101
10 Ebenda, S. 114
11 Wilson und Taylor, S. 77
12 *The Queen* [Die Königin], 4. März 1922
13 Probert, S. 17
14 Stevenson, S. 19
15 Lynne Joyce: *»A Message to a Bride-to-Be«* [»Botschaft an eine zukünftige Braut«] in *Woman's Guide to Health and Beauty* [Ratgeber Gesundheit und Schönheit für Frauen], London, ca. 1930, S. 236
16 Probert, S. 16
17 Jarvis, S. 19
18 Probert, S. 28
19 Madeleine Vionnet in Wilson und Taylor, S. 86
20 Caroline Evans und Minna Thornton: *Women and Fashion: A New Look* [Frauen und Mode: Ein »Neuer Look«], London, 1989, S. 120
21 J. B. Priestley: *English Journey* [Englische Reise], London, 1987, S. 375–376
22 Wilson und Taylor, S. 99
23 Arch und Marschner, S. 108
24 Ebenda, S. 108
25 Stevenson, S. 19
26 Judith Thurman: *Secrets of the Flesh: A Life of Colette* [Geheimnisse des Fleisches: Ein Leben der Colette], London, 1999, S. 411

27 Mitford, S. 78
28 Joyce, S. 236
29 Laverack, S. 40
30 Probert, S. 28
31 Stevenson, S. 20
32 Cecil Beaton: *Self Portrait with Friends: The Selected Diaries of Cecil Beaton 1926–1974* [Selbstpoträt mit Freunden: Ausgewählte Tagebücher Cecil Beatons von 1926–1974], Richard Buckle (Hrsg.), London, 1979, S. 56–57
33 Barbara Tober: *The Bride: A Celebration* [Die Braut: Eine Feier], New York, 1984, S. 160
34 Laverack, S. 106

Kriegsbedingte Beschränkungen und bauschiger New Look

1 Elizabeth Taylor, zitiert in Kitty Kelley: *Elizabeth Taylor: The Last Star* [Elizabeth Taylor: Der letzte Star], London, 1981
2 John Costello: *Love, Sex and War: Changing Values 1939–45* [Liebe, Sex und Krieg: Wandel der Werte 1939–45], London, 1985, S. 14
3 Ebenda, S. 17
4 Ebenda, S. 19
5 Ebenda, S. 265
6 McBride-Mellinger, S. 37
7 Maureen Turim: *»Designing Women: The Emergence of the New Sweetheart Line«* [»Wie man Frauen kreiert: Die Entstehung der New Sweetheart Line«] in Jane Gains (Hrsg.): *Fabrications: Costume and the Female Body* [Fabrikationen: Die Kleidung und der weibliche Körper], London, 1990, S. 212
8 Valerie Steele: *Fifty Years of Fashion: New Look to Now* [Fünfzig Jahre Mode: Vom New Look bis heute]. New Haven, 1997, S. 8
9 Colin und Eileen Townsend: *War Wives: A Second World War Anthology* [Ehefrauen im Krieg: Eine Anthologie des Zweiten Weltkriegs], London, 1989, S. 8
10 Lansdell, S. 71
11 Costello, S. 21
12 Townsend, S. 62
13 Ebenda, S. 118
14 Noel Coward, *Present Indicative* (1937) in Watt, S. 205
15 *Harper's Bazaar,* Oktober 1945
16 Turim, S. 215
17 Lou Taylor: *»Paris Couture 1940–1944«* in Juliet Ash und Elizabeth Wilson (Hrsg.): *Chic Thrills: A Fashion Reader* [Prickelnder Chic: Ein Mode-Lesebuch], London, 1992, S. 138
18 Steele, S. 1
19 Marjorie Beckett: *»Paris Forgets This Is 1947«* [»Paris vergisst, dass wir 1947 haben«] in *Picture Post* (27. September 1947), S. 9
20 Arch und Marschner, S. 115
21 Ebenda, S. 117
22 Probert, S.41
23 Kitty Kelley: *The Royals,* New York, 1997, S. 73–74
24 Kelley (1997), S. 44
25 Ebenda, S. 46
26 Turim, S. 220
27 Ebenda, S. 225
28 Penny Sparke: *As Long as it's Pink: The Sexual Politics of Taste* [So lange es nur rosa ist: Die sexuellen Regeln des Geschmacks], London, 1995, S. 166
29 Colin Macinnes: *Absolute Beginners* [Blutige Anfänger], London, 1985, S. 87
30 Anne Edwards und Drusilla Beyfus: *Lady Behave! A Guide to Modern Manners* [Gutes Benehmen, meine Dame! Ein Ratgeber für moderne gute Manieren], London, 1956, S. 251
31 Oleg Cassini: *In My Own Fashion: An Autobiography* [Mein eigener Stil: Eine Autobiographie] London, 1987, S. 267
32 http:people.aol.com/people/romance/kelly.html
33 Stevenson, S. 22
34 Edwards und Beyfus, S. 251
35 Laverack, S. 106
36 Sparke, S. 173

»Counterculture-Chic«

1 Hans Koningsberger: *An American Romance* [Eine amerikanische Romanze], London, 1964, S. 41
2 Mary Quant in Valerie Steele (1997), S. 51
3 Steele, S. 49
4 Probert, S. 62
5 Nigel Whiteley: *Pop Design: Modernism to Mod* [Pop-Design: Vom Modernismus zum Mod], London, 1987, S. 209
6 Ellis Amburn: *Elizabeth Taylor. The Obsessions, Passions and Courage of a Hollywood Legend* [Elizabeth Taylor: Die Obsessionen, Leidenschaften und der Mut einer Hollywood-Legende], New York, 2000, S. 155
7 Richard Neville: *Playpower,* London, 1970, S. 74
8 Goldstein in Steele (1997), S. 76
9 Louis Yablonsky: *»The Hippy Trip 1968«* in Arthur Marwick: *The Sixties* [Die Sechziger], Oxford, 1998, S. 483
10 Probert, S. 63
11 Whiteley, S. 216
12 Probert, S. 69
13 Neville, S. 57–58
14 Germaine Greer: *The Female Eunuch [Der weibliche Eunuch],* London, 1971, S. 216–217
15 Yves Saint Laurent in Steele, S. 61
16 McBride-Mellinger, S. 41
17 Simon R. Charsley: *Wedding Cakes and Cultural History* [Hochzeitstorten und Kulturgeschichte], London, 1992, S. 27
18 Probert, S. 80
19 Lansdell, S. 101
20 Avril Groom: *»The Dresses to Wed In and Wear Again«* [Die Kleider für die Hochzeit – und für danach] in *The Daily Telegraph* (29. Mai 1978)
21 Laverack, S. 62
22 Chrys Ingraham, S. 94
23 Marjorie Ferguson: *Forever Feminine: Women's Magazines and the Cult of Femininity* [Ewig weiblich: Frauenmagazine und der Weiblichkeitskult], London, 1983, S. 87
24 Ebenda, S. 87

Moderne Märchen

1 Catherine Zeta Jones in *OK* (2. Dezember 2000), S. 26
2 Ferguson, S. 111
3 Deborah Silverman: *Selling Culture: Bloomingdale's, Diana Vreeland, and the New American Aristocracy of Taste in Reagan's America* [Kultur zum Verkauf: Bloomingdale's, Diana Vreeland und die neue amerikanische Aristokratie des Geschmacks in Reagans Amerika], New York, 1986, S. 11
4 Holly Brubach: *New Yorker* (1992) in Steele (1997), S. 111
5 Georgina Howell: *Sultans of Style: Thirty Years of Fashion and Passion 1960–1990* [Fürsten des Stils: Dreißig Jahre Mode und Leidenschaft 1960–1990], London, 1990, S. 140
6 Ebenda, S. 145
7 Woram, S. 97
8 Nicholas Coleridge: *The Fashion Conspiracy* [Das Modekomplott], London, 1988, S. 198–199
9 Lacroix in *OK* (2. Dezember 2000), S. 52
10 Jean Rook in Arch und Marschner, S. 130
11 Susam Heller Anderson in Ingraham, S. 38
12 Diana in Joan Smith: *Different for Girls: How Culture Creates Women* [Für Mädchen ist das anders: Wie die Kultur Frauen erschafft], London, 1997, S. 14
13 Suzanne Moore: *Head Over Heels* [Kopfüber], London, 1997, S. 85
14 Ingraham, S. 107
15 Charsley, S. 15
16 Raymond Williams in Charsley (1992), S. 5
17 Alan Parker in Stella Bruzzi: *Undressing Cinema: Clothing and Identity in the Movies* [Das entkleidete Kino: Kleidung und Identität im Film], London, 1997, S. 35
18 Ingraham, S. 88
19 Woram, S. 99
20 Ebenda
21 Dyer, S. 13
22 Julian Barnes in McDowell, S. 110
23 Nancy Banks-Smith: *»Sophie Gets Her Turkey«* [»Sophie bekommt ihren Truthahn«] in *The Guardian* (21. Juni 1999)
24 Ebenda
25 Linda Smith in Nancy Banks-Smith
26 Stuart Millar: *»Royals refine their own third way«* [Die Royals kultivieren ihren eigenen Weg] in *The Guardian* (21. Juni 1999)
27 Moore, S. 36
28 Ingraham, S. 8
29 Ebenda, S. 27

Register

Kursiv gesetzte Seitenzahlen beziehen sich auf Bildunterschriften

Danksagung

Autorin und Verlag danken allen Designern, Fotografen und Brautpaaren, die an diesem Buch beteiligt waren.

Ein besonderer Dank gilt Carolyn Richardson und Marnie Angus.